La Radio
d'hier
à aujourd'hui

DU MÊME AUTEUR

Pour une radio civilisée, éditions de l'Homme, 1972.

Pour une radio réformée, éditions du Jour, 1973.

L'Aventure de la radio au Québec, éditions La Presse, 1979.

Gilles Proulx

La Radio

d'hier
à aujourd'hui

Données de catalogage avant publication (Canada)

Proulx, Gilles, 1940-

    La radio d'hier à aujourd'hui

    2-89111-277-6

    1. Radiodiffusion — Québec (Province) — Histoire. 2. Stations de radio — Québec (Province) — Histoire. I. Titre.

HE8689.9.C35P76 1986   384.54'09714   C86-096045-5

Remerciements au Ministère des communications du Québec.

Maquette de la couverture: France Lafond

Photo de la couverture: Réflexion

Photocomposition et mise en pages: Helvetigraf, Québec

Dépôt légal:
    1er trimestre 1986

ISBN 2-89111-277-6

À tous mes amis et collègues du milieu de la radio qui, sans être membres de grandes commissions d'enquête, ont bien voulu m'aider à bâtir cet ouvrage. Et tout particulièrement à Roger Baulu, doyen des ondes québécoises

Table des matières

Préface

La radio a pris un essor que peu de gens avaient pu prévoir au tout début. David Sarnoff, alors jeune ingénieur à l'emploi d'American Marconi, l'avait cependant pressenti, puisqu'il écrivait, en 1916, un mémoire qui devait devenir un document essentiel à la compréhension du phénomène radiophonique.

«J'ai dans l'esprit un plan de développement qui fera de la radio un appareil ménager au même titre que le piano ou le phonographe. L'idée est d'amener de la musique dans les foyers en utilisant le sans fil...

«Ceci fut essayé dans le passé en utilisant des fils et le résultat fut un échec parce que les fils ne se prêtent pas à ce système. Avec la radio, cependant, cela deviendra possible. Par exemple, un émetteur de radio-téléphone ayant une portée de, disons 25 à 50 milles, peut être installé à un point défini où de la musique instrumentale ou vocale, ou les deux, seraient produites... Le récepteur serait conçu comme une simple boîte musicale radiophonique («Radio Music Box») et organisé pour recevoir plusieurs longueurs d'ondes différentes, qui pourraient être déplacées en tournant un simple syntonisateur ou en pressant un bouton.

«La boîte musicale radiophonique serait fournie avec des lampes amplifiantes et un cornet en une seule pièce. Le meuble serait placée sur une table dans le parloir ou le salon, le syntonisateur bien en place et la musique transmise et reçue...

«Le même principe pourrait servir à bien d'autres fonctions telles que, recevoir des cours à la maison qui seraient rendus parfaitement audibles. De même, des événements d'importance nationale seraient annoncés et reçus simultanément. Les résultats du baseball seraient transmis par l'utilisation d'un équipement au Polo

11

Grounds. La même chose serait possible dans d'autres villes, quoique j'aie indiqué quelques-uns des champs probables de développement de cet appareil, il n'en demeure pas moins qu'il existe un nombre important d'autres champs où ce principe pourrait être extensionné[1].»

Au mémoire de David Sarnoff il ne manquait que deux éléments, les radio-romans et la publicité, afin de répertorier l'essence de ce que fut la radio de ses origines à nos jours. Un média axé sur l'information et le divertissement.

Gilles Proulx, dans les pages qui suivent, retrace les grands événements qui ont marqué la vie de la radio au Québec depuis le siècle dernier jusqu'à aujourd'hui. Il y fait état des nombreux pionniers qui nous ont précédés à la gouverne; plusieurs autres y ont également eu leurs faits d'arme et il faut se souvenir de leur ingéniosité et de leur créativité.

Des centaines, sinon des milliers de jeunes, s'inscrivent à chaque année à un programme de communication. Beaucoup sont appelés, peu seront élus, mais ceux qui s'y démarqueront auront la possibilité d'y avoir une carrière trépidante, puisque la radio est en éternel mouvement. Même si David Sarnoff nous en a donné les principaux éléments, le dosage et l'assemblage demeurent et demeureront une question d'intuition et de compréhension des attentes de l'auditoire.

Michel Arpin,
Président du Conseil,
Association canadienne des radiodiffuseurs.

---

1. Traduction libre du mémoire intitulé *The Radio Music Box,* tel que cité par De Fleur Melvin, L, Theories of Mass Communications. David McKay Company Inc. New York, 1970 (2nd edition).

Introduction

Plusieurs déplorent l'absence d'ouvrages portant sur l'évolution de la radio chez nous? À la fois, cela est juste et ne l'est pas. Pierre Pagé, Renée Legris, de l'Université du Québec, Yvan Lamonde de McGill, Elzéar Lavoie de Laval, André Charbonneau, Bernard Montigny de CFTM, Roger Baulu et moi-même avons passablement déblayé le terrain. On peut déplorer que des études sociologiques et historiques soient entrées dans les mœurs après l'avènement de la télé et que ces études aient rapidement relégué la radio au deuxième plan, cela ne nous a pas empêchés de fouiller le sujet. Le recul du temps nous permettra, je l'espère, de consacrer les travaux de tout ce monde comme documents de références.

La lecture de ce travail fait revivre les grandes époques de la radio. *La Radio d'hier à aujourd'hui*, c'est le grand départ mondial qui eut lieu ici, au Québec, de ce média devenu maître absolu des ondes jusqu'en 1952. C'était sa période d'âge d'or! Depuis, son influence a quelque peu diminué, mais elle demeure encore importante ne serait-ce que par son indispensable vocation de service et surtout son incroyable rapidité. Ne met-elle pas moins d'une minute et demie à faire connaître «La Nouvelle» à travers le pays! Certains diront que l'avenir de la radio, du moins de la AM, est fragile tellement la concurrence la secoue. Je suis même tenté de la comparer à un téléviseur en noir et blanc. Son image a beau être parfaite, il demeure secondaire et sans avenir. La radio AM devra donc oublier les jours de son «Empire».

Malgré cette perte d'altitude, la radio, oui cette bonne vieille radio quasiment septuagénaire, a encore beaucoup à dire dans cette vaste industrie des communications. Elle a eu à subir moult chocs, après avoir administré autant à son aînée, la presse écrite. Voilà qui suffit pour raconter sa vie!

D'abord, un vent de panique l'a secouée lorsque, à Montréal, le 6 septembre 1952, l'écran de télévision a permis au «flâneur» du canapé d'épargner son imagination. Le nouveau média devait transporter l'esprit de notre sédentaire ailleurs, voire dans les rues des pays lointains. On pensait bien cette fois que la radio venait de recevoir son coup de mort. Mais non! Elle devait prendre son courage à deux mains, comme on dit. Consciente de sa mobilité, elle s'est mise à agir, à informer, à décrire, à distraire et à chanter davantage. Elle a survécu au mépris grâce à ces appareils, souvent Made in Japan, qu'on appelait alors «radios-transistors». Oh! elle n'avait pas les vertus de la haute fidélité, mais elle pénétrait insidieusement partout. Et elle pénétrait parce que les jeunes l'ont vite adoptée. Parce que ces jeunes voulaient aussi comptabiliser les positions des meilleurs chanteurs du temps. Un dénommé Elvis Presley s'est enrichi et, inconsciemment, a fait proliférer la radio et consciemment la compagnie de disques RCA-Victor... Mais la radio ne devait pas être «affectionnée» que par la jeunesse. Les concessionnaires d'automobiles se sont mis de la partie. Impossible d'acheter une voiture sans la munir d'une radio. À ce moment, plusieurs radiodiffuseurs s'imaginaient que leur avenir était assuré à tout jamais d'autant plus que cet avenir était consolidé par l'abondance des actualités que la radio diffusait. Mais l'actualité qui lui était chère a failli lui fausser compagnie! Même l'attentat historique de novembre 1963, à Dallas, qu'on a quasiment cru «organisé» par les caméras de télé, est venu l'ébranler dans sa suprématie de diffusion. Pourtant, en ce 22 novembre, c'est la radio qui, la première, a accompli son travail d'informateur. C'est elle qui en moins d'une minute et demie a fait circuler «la nouvelle» autour du monde. Et qui connaît, aujourd'hui, le reporter Roy Jenkins, de la station KBOX-Dallas, le premier au monde à annoncer l'attentat contre John F. Kennedy? Enfin, quelques années plus tard, sa concurrente cadette nous fit faire un bond sur la lune! La radio reprit son courage. La simplicité de ses moyens devait nous rappeler qu'après tout, elle peut s'imposer sans nous écraser.

Ces événements passés, on pourrait croire que la radio peut maintenant naviguer en toute liberté, sans trop de contraintes. Hélas! comme dans la vie, elle doit combattre et se débattre. Un autre contrecoup est venu la déranger. Et de plus, il fallait qu'il vienne de sa propre sœur... la radio FM. En effet, aujourd'hui, ce sont les postes FM qui occupent majoritairement les appareils de radio installés dans les automobiles. On lui fichera donc jamais la paix à cette bonne AM! Si, en octobre 1970, les postes CKAC et CKLM sont venus démontrer qu'elle était encore «Reine de la rapidité» par rapport à la télévision qui l'agaçait, le 8 mai 1984, CJMS et son réseau Radiomutuel démontrèrent par ailleurs que la radio AM, en terme de média de service, était là pour demeurer. Ce jour, alors qu'un soldat en folie fit irruption à l'assemblée nationale, permit à la radio de tenir en haleine toute une population qui voulait en savoir plus long de minute en minute. Inutile d'insister, la popularité des radios FM prit une dégringolade et, à Québec, André Arthur avait monopolisé toute la ville à l'antenne de CJRP!

Bien sûr, la radio n'a plus l'importance d'antan mais, on le voit, elle se débrouille bien. Le nombre de postes va probablement diminuer au fil des ans, mais le média comme tel demeurera à tout jamais comme une conscience qui flotte au-dessus de nos têtes. C'est sûr, lorsqu'un pape nous visite, lorsqu'il y a les enjeux d'un congrès politique ou qu'une vedette québécoise «s'internationalise» au show de Johnny Carson, la radio devient secondaire. On dit d'ailleurs, dans le milieu, «quoi faire face à un événement télé?» Eh bien, c'est justement dans ces circonstances qu'elle s'affirme dans la complémentarité. Sa rapidité nous fera entendre les à-côtés de la visite papale, nous dira trois heures avant la télé, comment André-Philippe Gagnon aura vaincu au *Johnny Carson Show* et se rendra en un temps record sur les lieux d'une tragédie. La radio est un média mobilisateur. Le général de Gaulle, lors de la crise de mai 1968, n'avait-il pas privilégié la radio plutôt que la télé? Après un discours d'une minute trente il mobilisait plus d'un million de personnes dans la rue des Champs-Élysées ce qu'il n'aurait pu réussir avec la télévision, celle-ci étant un média plus froid, pas aussi mobilisateur. D'ailleurs, une bagarre de Chris Nilan au Forum ne parait-elle pas plus intense à la radio qu'à la télé? Oui, de répondre la plupart des gens. Parce que l'effet sonore a plus d'impact sur l'imaginaire que ne l'aura l'image qui livre «du tout cuit» sur un plateau. Richard Nixon n'a-t-il pas gagné son débat face à John Kennedy auprès des radiophiles-automobilistes parce que justement le timbre de sa voix avait plus d'effet que celle de Kennedy qui était trop haute et aiguë!

On notera à travers ccs pages bien d'autres phénomènes. Par exemple, la faible présence féminine. Cela démontre que ce média est rarement à l'avant-garde des idées nouvelles. Au contraire, il s'en tient même au statu quo. Ce n'est que depuis ces dix ou quinze dernières années que la radio se fait plus hospitalière à l'égard de la femme. Radio-Canada a donné l'exemple qui a vite été suivi par la radio privée. Il y a encore du chemin à parcourir, mais les deux réseaux privés du Québec, Radiomutuel et Télémédia (CJMS et CKAC) embauchent de plus en plus de femmes reporters, rédactrices, recherchistes et même cadres. Radiomutuel est le seul réseau à posséder son directeur commercial féminin... Le progrès a été immense depuis les premiers griefs de Jane Gray durant les années vingt.

15

Au chapitre du français parlé, l'Office de la langue prétend que les média électroniques parlent mieux. Ce n'est pas tout à fait vrai! «Pour deux dollars et une cenne, on se paye un interurbain», de dire la publicité-radio de Bell... On vend des «long-jeu», on «cancelle» des matchs de baseball, on parle encore de «la parade de mode», on insiste sur «la séniorité» qui bloque au chapitre de la convention collective, du «policier mort en devoir», des choses «éducationnelles», etc. Tout cela est quotidien à nos micros et démontre, au contraire, qu'on n'attache pas tellement d'importance à la question du français parlé. Je me souviens que, il y a une vingtaine d'années, le téléphone retentissait régulièrement lorsqu'on commettait une faute en ondes. Aujourd'hui, plus on est olé olé et plus on parle vulgairement, plus on réussit! Est-ce un signe des temps qui nous rappelle que la radio n'est plus un média élitiste? Peut-être...

Et maintenant, tentons de faire l'histoire institutionnelle et politique de ce média; tentons aussi de comprendre la vie interne des radios et abordons les carrières d'annonceurs (que nous devrions appeller: speakers) et de reporters.

Chapitre I

Qui a inventé la radio? Marconi ou Fessenden?

Le XXe siècle annonce l'ère des communications. Il laisse entrevoir des possibilités infinies. Grâce à des précurseurs qui s'accrochent à des rêves, les hommes découvrent l'avion, le cinématographe, le phonographe et les télégraphes sans fil. Ces inventions ont un même but: faciliter la communication et rapprocher les nations.

Tel est le contexte qui voit naître la radio. Bien que l'histoire retienne principalement le nom de Marconi comme inventeur, ils furent nombreux ceux qui ont travaillé à son perfectionnement. Aux côtés des Marconi, Popov, Branly, Ampère, Volta, Morse, Bell, Faraday, Walt, Hertz et Ohm, il y a en a un qui mérite d'être mieux connu, ne serait-ce que pour le rôle qu'il a joué dans cette histoire de la radio: le Canadien Reginald Aubrey Fessenden.

Tout le monde sait que c'est Guglielmo Marconi qui inventa le signal radiophonique au début du siècle. C'est du moins ce que l'histoire officielle affirme. Pourtant, plus à l'est, on vous répliquera que c'est à Alexandre Popov, cet ingénieur russe, mort en 1906 et inventeur du premier récepteur électromagnétique, que nous devons la radio. Ce savant fut aussi à l'origine de l'antenne radio-électrique. «Effectivement, il y avait un scientifique en Russie qui avait construit un receveur qui pouvait capter, mais il n'avait pas pu mettre sur pied un transmetteur. Donc, dans son cas, il ne s'agissait que d'une moitié de radio[1]...» Néanmoins, le fait que Lénine, dès 1917, consacra la radio comme instrument de lutte idéologique nous porte à croire que l'Union soviétique a été à l'avant garde de l'exploitation des ondes.

Chez nous, au Québec, à Bolton, près de Sherbrooke, Reginald Aubrey Fessenden nous oblige à reconnaître que nous lui devons une part importante dans l'invention de cet appareil. Popov,

Marconi et Fessenden ont, en réalité, chacun marqué des points, mais c'est Marconi qui, grâce à des moyens financiers beaucoup plus importants, décrocha le grand titre d'inventeur de la radio... Était-il question d'obtenir de l'argent pour poursuivre ses recherches, Marconi réussissait plus facilement à décrocher des subventions parce qu'il était plus connu[2].

Mais qui était donc ce Reginald Aubrey Fessenden? Fessenden naquit dans le Bas-Canada, en 1866, à East Bolton (aujourd'hui Austin). Il fréquenta le collège Bishop, de Lennoxville, et travailla plus tard auprès de son idole, le savant Edison, qui l'aimait bien d'ailleurs et lui faisait confiance. Edison avait la conviction que Fessenden allait réussir à mettre en application ses théories sur la diffusion[3].

Durant ses années de collège, lorsqu'il vivait au Québec, Fessenden montrait déjà des aptitudes pour la transmission de la connaissance, allant jusqu'à enseigner le grec, le français et les mathématiques[4]. Mais avant même de terminer ses études, il prit la direction des Bermudes. Il souhaitait pratiquer le métier d'enseignant sous un soleil plus radieux que celui de l'Estrie. En 1886, à l'âge de vingt ans, décidé à affronter la trépidante vie new-yorkaise, il revenait sur le continent pour faire connaissance avec ce génial autodidacte de la grande époque de la révolution industrielle, Thomas Edison.

Fessenden ambitionnait alors de se bâtir une solide réputation dans le domaine de la recherche scientifique. Plus tard, on le retrouvera avec les professeurs de génie électrique des universités de Purdue et de Pittsburgh. Il mourut dans un oubli presque total. Seuls quelques articles parus dans les journaux américains témoignent de son travail.

Mais si Fessenden fut le premier à diffuser la voix humaine, comment exliquer que Marconi continue d'être considéré comme l'unique inventeur de la radio? Sans aucun doute en raison de l'appui financier qu'il a reçu tout au long de ses patientes recherches. Rappelons que c'est le 2 juin 1896 que l'Italien déposa, à Londres, son premier brevet d'un système pratique de transmission de sons au moyen des ondes électriques. «Ainsi naissait cet hybride de paternité douteuse, la télégraphie sans fil, la TSF[5].» Marconi avait 22 ans! Il avait en quelque sorte poursuivi les travaux de ses prédécesseurs, Heinrich Hertz et le Français Edouard Branly. Mais celui qui voudrait vraiment se convaincre de la valeur des inventions de Marconi n'a qu'à se rendre sur la colline Signal Hill, à Saint-Jean, Terre-Neuve, et y visiter le petit musée de l'endroit. C'est là qu'on peut entendre la version simulée des premiers signaux de morse dont la paternité est acquise à jamais à Marconi, depuis 1901. Le visiteur remarquera cependant l'absence de tout objet ayant trait à la radio. «Il se peut que sans Fessenden, Marconi ait lui-même trouvé la bonne méthode, mais à l'époque, il faisait fausse route. Son invention se limitait à une transmission de bip bip bip. On ne pouvait pas encore entendre des voix, des sons. Marconi avait l'intention de réaliser ce genre de radio, mais c'était encore à faire et celui qui l'a réussi, c'est Réginald Aubrey Fessenden, ce Canadien d'origine[6].»

«Dès 1899, Fessenden réussissait à transmettre d'une extrémité à l'autre de son laboratoire des sons geignards qui rappelaient la voix humaine. Bien que ses résultats fussent encourageants, il lui fallait trouver un chemin plus court car, chez Marconi, on avait déjà télégraphié, sans fil, des messages en morse à une distance de plusieurs milles[7].»

Fessenden abandonne donc son travail de professeur et, avec un contrat en poche, il se met au service du Bureau météorologique des États-Unis. Il installe dans l'île de Cob, sur le Potomac, une station expérimentale de télégraphie sans fil pour transmettre les prévisions météorologiques à Washington, située à 250 kilomètres de distance.

Fessenden, qui avait entendu parlé de Marconi, était conscient de son grand potentiel. Foncièrement, il admirait ce savant dont l'Italie devait plus tard s'enorgueillir.

Chacun dans son patelin, les deux hommes travaillaient à gagner la course. S'engagea alors une des plus intéressantes rivalités de l'histoire de la recherche scientifique, les deux savants s'efforçant, de part et d'autre, de démontrer qu'il était possible de réaliser l'impossible et d'enregistrer des gains à tour de rôle.

Le 23 décembre 1900, Fessenden prit les devants en transmettant la voix humaine entre deux tours hautes de cinquante pieds et distantes d'un mille. Un an plus tard, encore au mois de décembre, Marconi parvenait à expédier, de l'Angleterre, un signal en morse, les trois points de la lettre «s», à Signal Hill, à Terre-Neuve. En 1902, Marconi, avec une licence du gouvernement Canadien, établit une station de télégraphie sans fil à Glace Bay, en Nouvelle-Écosse. Fessenden contre-attaquait et mettait sur pied la National Electric Signalling Co., financée par de richissimes Américains de Pittsburgh. Il fit construire une gigantesque tour à Brant Rock, près de Boston, et une autre sur la côte occidentale de l'Écosse; en janvier 1906, il établit la première liaison en morse dans les deux sens à travers l'Atlantique. Pendant ce temps, Ottawa venait d'adopter sa première loi sur la télégraphie sans fil.

Bien décidé à prendre les devants sur Marconi, souligne Ormond Raby, Fessenden fonda ensuite une station expérimentale à Plymouth, située à onze milles de Brant Rock et reprit ses essais. Un peu plus tard, au cours de la même année, il diffusa la première émission radiophonique en dirigeant ses ondes jusqu'aux Antilles. Ses messages étaient destinés aux cargos qui, grâce à leurs appareils, pouvaient capter la parole de Fessenden. Le néo-speaker parlait surtout de météo, allant même jusqu'à demander à l'équipage d'un navire de la United Fruit Co., qui se trouvait dans la mer des Antilles, s'il neigeait dans leurs parages. Mais ce n'est qu'à la veille de Noël de l'année 1906 que Reginald Aubrey Fessenden réussit à transmettre la première émission radiophonique vocale et musicale au monde[8]. Le premier disque diffusé avait pour titre: *College Life*[9].

«Paix aux hommes de bonne volonté», avait dit Fessenden aux marins. Que de chemin parcouru au cours de cette seule année 1906 qui prenait fin! Mais comment les bateaux pouvaient-ils capter ces messages radiophoniques? C'est qu'il n'était pas nécessaire, alors, d'avoir un poste récepteur. Les mêmes haut-parleurs qui pouvaient recevoir et reproduire les bip bip bip pouvaient également reproduire les sons transmis par Fessenden[10].

En 1908, Fessenden annonça à un auditoire formé d'un grand nombre de savants sceptiques que le monde se verrait un jour relié par des lignes de communications directes et sans fil. Sa prophétie s'accomplit et personne aujourd'hui ne porte attention au fait que les ondes retransmettent en direct, par satellite, n'importe quel événement, au moment où il se produit. N'est-ce pas ce bon vieux média radio qui, en novembre 1963, nous apprit l'assassinat de John F. Kennedy?

En 1910, un autre chercheur, le docteur Lee de Forest, inventeur de la triode puis de la lampe à vide, fait sa marque: il transmet un concert du Metropolitan Opera... En 1912, le jeune ingénieur français, Raymond Braillard, de la société radioélectrique de France, propose aux Belges de diffuser des messages à l'intention d'auditeurs inconnus. Il faudra attendre la fin de la guerre pour que l'idée de Braillard prenne forme. En 1913, Ottawa, précoce, vote la Loi du radiotélégraphe qui prévoit la transmission de la voix...

Plus près de nous, un professeur de chimie et de physique, l'abbé Georges Désilets, de Nicolet, de la famille du célèbre photographe Antoine Désilets, s'initia à la magie des ondes. La revue américaine *The Wireless Age* (septembre 1916) parlait déjà du «Désilets Wireless Organ»... un appareil simple pour transmettre de la musique par radio...

Le reproche que nous pourrions probablement faire à Reginald Aubrey Fessenden, c'est d'avoir investi ses efforts dans une multitude de recherches à la fois. Le génial homme était partout en même temps. Le cœur au Canada, le regard à Londres, l'intérêt pour la recherche aux États-unis et la nostalgie aux Bermudes. En revanche, Marconi ne semble pas avoir trop dérogé à l'itinéraire Italie-Londres.

La vie de Fessenden fut remplie de frustrations, comme en témoigne l'ouvrage que lui a consacré Ormond Raby, et qui n'a malheureusement pas été traduit en français. L'auteur rappelle que Fessenden fut, pendant une bonne partie de sa carrière, l'objet de sarcasmes. Ses contemporains ne comprirent pas sa vision prophétique selon laquelle les nations pourraient un jour communiquer entre elles par la radio.

Au début de la Première Guerre, Fessenden voulait, en bon patriote, vaincre les Allemands. Il offrit ses service au Canada — y compris la libre disposition de ses inventions — et partit pour Londres, portant l'uniforme canadien. Il emporta notamment, dans ses cartons, les plans d'un appareil tout à fait réalisable et capable de détecter l'artillerie ennemie. Au moment où les zeppelins commencent à cracher sur Londres, il rappelle aux Britanniques qu'il a inventé une antenne directionnelle capable de repérer les aéronefs. À peine l'appareil est-il en service que Fessenden s'attaque à un autre problème: trouver rapidement le moyen d'identifier et de détruire à la grenade les sous-marins allemands qui sabotaient à leur guise les navires de transport alliés. Après des mois d'un labeur acharné, il mit au point un instrument de sondage par écho, véritable ancêtre du SONAR, qui compte parmi les grandes découvertes auxquelles les Alliés durent, en partie, la victoire. Mais avec autant de boulot, Fessenden négligea la radio...

Pendant ce temps, Marconi, esprit clairvoyant, avait compris lui aussi que la radio jouerait un jour un rôle primordial dans l'échange des idées. Poursuivant et poussant plus avant les recherches d'Edouard Branly, Guglielmo Marconi ne doutait pas que ses travaux contribueraient un jour à vaincre l'ignorance et à rapprocher les nations. Comme pour son concurrent Fessenden, ses brevets furent souvent contestés, ce qui l'obligeait à défendre ses droits devant les tribunaux, tant en Europe qu'en Amérique. Il gagna presque toujours ses causes, non seulement à cause de son honnêteté foncière et de son travail assidu, mais aussi parce que ses prétentions étaient toujours parfaitement fondées. «Fort scrupuleux, il n'omettait jamais de citer ceux — chercheurs scientifiques, inventeurs — dont les travaux lui avaient servi, fût-ce pour y trouver une orientation, voire une simple inspiration[11].»

Natif du Québec, Reginald Aubrey Fessenden est resté dans l'ombre, contrairement à Marconi. Il a cependant été celui qui a réussi la première transmission sans fil de la voix humaine. C'était un tout petit message fort simple, destiné à son assistant: «Neige-t-il où vous êtes, monsieur Thiessen?» *(Photo Horizon Canada)*

Bien que la radio, au début, l'intéressât surtout en tant que moyen de sauvetage et beaucoup moins comme instrument de divertissement, Marconi fit des essais dans ce sens durant la Première Guerre. «Le Canada n'étant pas soumis aux restrictions militaires en matière de TSF ou de diffusion, Marconi jugea opportun de venir établir un laboratoire d'essai à Montréal et de travailler notamment à Glace Bay, en Nouvelle-Écosse, au cours de l'année 1918. En 14-18, l'usage de la radio était partie intégrante des batailles navales. Dans tous les pays, le contrôle des émissions de radio relevait de la Défense nationale. Le but des chercheurs était d'ailleurs de trouver un moyen plus efficace de communiquer avec les navires. Mais, comme les États-Unis, l'Angleterre, la France et l'Italie avaient pris en charge cette responsabilité, Marconi vit dans le Canada un pays idéal pour fouiller davantage la possibilité d'exploiter la radio. La Marconi Wireless Co. installe donc son studio expérimental rue

William, à Montréal, où on diffusait des émissions de radio sur une base d'essai[12].» Est-il nécessaire de rappeler que la plus vieille station radiophonique a été lancée ici à Montréal, par le groupe Marconi[13]?

Fessenden avait perdu la course. Même s'il réalisa toutes ses inventions et enseigna uniquement aux États-Unis — l'université McGill refusant de lui offrir une chaire — Fessenden aurait bien voulu décrocher les honneurs en territoire canadien. «Il y a quelque chose que le Canada et moi pouvons faire ensemble. Et ce quelque chose, c'est que le Canada, ma patrie bien-aimée, devienne le véritable père spirituel et financier de ma victoire décisive: la retransmission intégrale de la voix humaine[14].»

Le Canada devait malheureusement rater l'occasion d'offrir à un Canadien le titre de précurseur des ondes, parce que les financiers canadiens de l'époque misèrent sur Guglielmo Marconi plutôt que sur Fessenden, alors que deux bailleurs de fonds américains, qui le roulèrent par ailleurs, optèrent pour Fessenden. Néanmoins, le vœu de Fessenden fut en partie exaucé puisque, comme nous le disions, Montréal fut l'hôte, au cours de l'année 1918, de la première station radiophonique du monde, faisant de XWA - Montréal un chef de file. C'était en novembre 1918. En septembre 1919, on assista à l'octroi du premier permis à XWA par le ministère fédéral de la Marine et de Pêcheries. Le Canada exigera alors du petit poste montréalais qu'il se dote d'une appellation plus canadienne. On adoptera la lettre «C» pour identifier le Canada et XWA deviendra CFCF.

À la fin de sa vie, Fessenden n'avait plus que l'amour de ses enfants, dont la compagnie était son seul plaisir. Il avait perdu son fils bien-aimé, Ken, âgé d'un peu plus de vingt ans, revenu de la Première Guerre «gazé» et qui était disparu un soir sans que ses parents ne le revoient jamais.

Fessenden lutta jusqu'au bout pour être enfin reconnu par quelques sociétés savantes qui lui décernèrent les honneurs auxquels il avait droit. Son principal «adversaire», pour qui il avait une admiration secrète, fut sans contredit Marconi, celui avec qui, sans le connaître personnellement, il rivalisa pendant des années.

Ce grand Québécois n'avait rien du savant hautain étalant ses connaissances. Au contraire, il avait un tel sens pratique qu'il mettait ses collègues scientifiques au défi de prouver leurs allégations sur-le-champ, les obligeant, s'il y avait lieu, à se rétracter. Westinghouse et Edison apprirent à leurs dépens que Fessenden avait raison de prétendre qu'un jour les ondes parviendraient à transmettre la parole humaine d'un continent à l'autre.

Fessenden mourut le 22 juillet 1932. Sur sa tombe, on peut lire l'épitaphe particulièrement pertinente que son fils Kennely composa pour lui:

«Grâce à son génie, les hommes conversent d'un continent à l'autre et voguent sans peur sur les abîmes...»

Le Canada et le Québec, jusqu'à récemment, n'avaient pas songé à commémorer sa mémoire par un geste tangible, ne serait-ce que par l'apposition d'une plaque sur sa maison natale ou encore par la désignation d'un nom de rue. Nul n'est prophète en son pays, n'est-ce pas? Et pourtant, Marconi a droit de cité. Heureusement, à l'automne de 1983, Parc Canada érigeait un monument en sa mémoire au cœur d'Austin. Le génie créateur de Fessenden venait enfin d'être consacré en son pays natal.

Et même s'il ne s'agit que d'une reconnaissance polie, il est important de spécifier qu'au moins le *New York Herald Tribune,* dans un éditorial, lui rendit hommage.

«Il arrive parfois, même dans le monde de la science, qu'un homme ait raison envers et contre tous. Cet homme, ce fut le professeur Fessenden.»

Si les «morgues» des journaux québécois et canadiens n'ont à offrir aucun renseignement sur ce personnage assez exceptionnel, un quotidien de Toronto, *The Globe and Mail,* possède dans ses archives une dépêche datant de 1957 écrite par le journaliste britannique, Michael Harrison, alors correspondant de l'influent *London Observer.*

Typique en cela des autres journaux, tant québécois que canadiens, le *Globe* n'a jamais fait la critique de *Radio's First Voice* dans ses pages. Mais voyons plutôt ce que disait, en 1957, Harrison, et repris par Raby, admirateur de Fessenden.

«Dans la soirée du 24 décembre 1906, le professeur Reginald Aubrey Fessenden actionna un commutateur, et l'antenne — installée à une hauteur de 420 pieds — appartenant à la National Electric Signalling Co., de Brant Rock, au Massachusetts, commença à diffuser de la musique, des chansons et des discours.

«Cet événement marqua le début de la diffusion de la parole humaine. La télégraphie sans fil, dont le pionnier fut d'abord et avant tout Marconi, avait été inventée plus tôt, mais c'est là une tout autre histoire.

«Même si le débat continue toujours sur la question d'établir hors de tout doute qui, en réalité, a inventé l'avion, la lampe

De décembre 1935 jusqu'à sa mort, le 19 juillet 1937,
Marconi passera la majeure partie de son temps dans
sa villa Grifone, près de Rome. Emporté par une
crise cardiaque, Marconi sera inhumé dans le mausolée
en face de sa résidence. *(Photo Radio-Vatican)*

électrique incandescente, le téléphone, ou ces autres révélations relevant du plus grand génie humain, il n'y a pas — il n'y eut jamais — le moindre doute quant aux débuts de la radiodiffusion qui sont le résultat du talent d'un seul, Reginald Aubrey Fessenden. Et pourtant, dans ce monde qui doit plus de la moitié de ses découvertes dites 'modernes' à l'universalité du 'sans fil' et de la télévision, le nom de leur père demeure totalement inconnu [15].»

Pour sa part, Marconi, récipiendaire du Prix Nobel, mourut à Rome, dans la gloire en 1937, cinq ans après Fessenden. En cette année-là, on recensa vingt-six millions de récepteurs de radio aux États-Unis, quatre millions en France, autant en Allemagne et en Angleterre, quatre millions en URSS, trois millions au Japon et un million au Canada.

Grâce aux talents indéniables de ces deux hommes, les noms de quelques inventeurs sont entrés aujourd'hui dans le vocabulaire courant de la radio et de l'électronique: à part ceux de l'Italien et du Canadien d'origine, il faut ajouter ceux des Français Branly et Ampère, de l'Italien Volta, ceux des Américains Morse et Bell, des Anglais Faraday et Watt, des Allemands Hertz et Ohm. Nous leur devons tous aujourd'hui une vie plus riche, et les hommes de la radio ont envers eux une dette particulière.

1. RESKING, Gérard, réalisateur-radio à Radio Canada International, entrevue, avril 1978 in *L'Aventure de la radio au Québec*, éditions La Presse, septembre 1979.

2. *Ibid.*

3. *Ibid.*

4. RABY, Ormond, *Radio First Voice,* Éditions MacMillan, Toronto, 1970.

5. *Ibid.*

6. RESKING, Gérard, *op. cit.*

7. RABY, Ormond, *op. cit.*

8. *Ibid.*

9. *College Life,* titre du premier disque tourné à XWA. *Histoire de l'héritage de l'enregistrement*, Ottawa, 1975, Éditions Bibliothèque Nationale.

10. RESKING, Gérard, *op. cit.*

11. SERGIO, Lisa, «Portrait de Marconi», *Reader's Digest,* août 1976.

12. RESKING, Gérard, *op. cit.*

13. *Ibid.*

14. RABY, Ormond, *op. cit.*

15. *Ibid.*

Chapitre 2

CFCF, CKAC, CBF
et les autres...

Incroyable, mais vrai! S'il fallait que le maire Jean Drapeau sache ça! C'est la ville de Montréal qui a le mérite d'avoir abrité la première station radiophonique du monde. En effet, la Marconi Wireless Co. Ltd. contribua à implanter, dans la métropole, puis dans le monde, un service régulier de radiodiffusion, phénomène nouveau qui allait bouleverser la vie des nations.

En 1918, on avait toutefois d'autres idées en tête que la simple commercialisation de la téléphonie sans fil. Les messages envoyés d'un émetteur à un récepteur, tels que conçus à cette époque, ne concernaient que les deux ou trois personnes intéressées par la diffusion expérimentale de la petite station.

Ne serait-il pas plus utile de disposer d'un émetteur pouvant rejoindre un vaste auditoire plutôt qu'un seul individu? On se posait alors cette question. On y pensait déjà depuis quelque temps et, en novembre 1918, Marconi Wireless obtint du gouvernement fédéral la permission d'opérer un poste sans fil, sous le sigle XWA. Et c'est dans sa «salle de contrôle», rue William, à Montréal, que la compagnie fit ses premiers essais. La «station» s'identifiait alors sous le sigle XWA[1].

Malheureusement, cette nouvelle fantastique eut une diffusion restreinte. Ni le *Montreal Daily Star,* ni les autres journaux de l'époque (1918) ne firent mention de ces essais scientifiques qui se déroulaient pourtant en plein cœur de la métropole. Seuls les initiés en prirent connaissance[2].

XWA a-t-elle été la première station de radio du monde à présenter une programmation en bonne et due forme? C'est ici que le témoignage de Leonard Spencer prend toute son importance. Il le prétendait et cela a été officiellement confirmé: CFCF opérait sous le sigle XWA, en 1918, lorsque Marconi demanda à M. Finlayson et à de jeunes ingénieurs de faire entendre quelques enregistrements populaires sur les ondes de la radiotéléphonie. Il s'agissait de pièces qu'on faisait tourner sur un gramophone à disques[3]. Un autre Canadien, M. Donald Manson, a confirmé le titre de «première station radiophonique mondiale» reconnu à XWA. En tant qu'inspecteur en chef de la radio, c'est lui qui accorda une licence à ce poste. Manson, comme Spencer, avait travaillé avec Marconi au Canada.

On en trouve d'ailleurs des échos dans l'*Aventure de la radio au Québec,* paru en septembre 1979[4].

Le premier présentateur de programmes fut Walter Darling et l'opérateur à la console, Leonard Spencer.

XWA, la première station radiophonique à vocation commerciale au monde, diffuse à Montréal, à partir de 1919, de la musique, des nouvelles et des bulletins de météo. *(Photo Horizon Canada)*

Un mémoire présenté à la faculté des études supérieures de l'Université de Montréal, en janvier 1979, sous la signature de Bernard Montigny et J.-C. Laporte, rapporte que la station était en ondes de 14 h à 16 h les lundis, mercredis et vendredis, et de 20 h à 22 h30 le samedi[5].

Quant à l'aménagement des studios de CFCF, Spencer ajoute qu'ils étaient munis de tentures assez épaisses pour absorber le son. Le tourne-disque électrique n'existait pas encore, le microphone magnétique non plus. «Il fallait parfois secouer le microphone avant de s'en servir», ajoute ce précieux personnage qui eut la chance de graviter, dès l'âge de dix-sept ans, dans l'entourage de Marconi. «Quant aux quelques auditeurs de XWA, ils devaient supporter un casque d'écoute, demeuré rivé à leur récepteur constitué d'une bobine de cuivre laqué, d'un curseur et d'un petit morceau de galène noyé dans du plomb[6].»

Le 20 mai 1920, CFCF cède son micro à la première voix féminine. Dorothy Lutton chante en direct depuis le Château Laurier à Ottawa. L'émission avait été diffusée de la capitale afin de souligner une réunion de la Société royale du Canada... Le duc de Devonshire, gouverneur du Canada, le premier ministre Robert Borden et le chef de l'opposition, MacKenzie King, figuraient parmi les invités à cette émission. Mais comment expliquer que CFCF ait pu, avant même les stations américaines, décrocher un tel titre? L'affaire ne fut qu'une question de mois, et il semble évident que la recherche a pu progresser plus rapidement au Canada parce que ce pays n'était pas soumis au règlement d'interdiction frappant la téléphonie sans fil qu'avaient adopté la France, l'Angleterre et les États-Unis. De plus, il faut souligner un facteur d'importance capitale: la présence chez nous des intérêts financiers de Guglielmo Marconi. Bill McNeil et Morris Wolfe affirment, dans leur ouvrage *The Birth of Radio in Canada* que XWA, selon l'opinion générale, est reconnue comme la plus ancienne station radiophonique du monde. KDKA, Pittsburgh, ne débuta que quelques mois plus tard.

D'aucuns soutiendront que, malgré les restrictions officielles imposées aux États-Unis, la compagnie Westinghouse opérait déjà depuis 1916 une station expérimentale, KDKA, à Pittsburgh. C'est oublier que la programmation régulière de cette station ne commença vraiment que le 2 novembre 1920, avec l'annonce des résultats des élections présidentielles. D'ailleurs, cette station avait été devancée sur son propre territoire par WWJ, de Détroit, qui commença à diffuser quotidiennement depuis ses studios, le 30 avril 1920.

Par ailleurs, si Marconi avait décidé de se lancer dans la production industrielle de petits postes de radio à galène, c'est que l'entreprise savait pertinemment que ces instruments bon marché allaient trouver preneurs et que, conséquemment, les expériences de sa station CFCF allaient contribué à faire parler d'elle. À titre d'exemple, un ensemble de «téléphones auriculaires» se vendait 11 $ chez le détaillant Wenderlon and Co. au 51, Carré Victoria. À la même époque, on annonçait dans le journal *La Presse*[5], des récepteurs munis d'un amplificateur, et encastrés sous formes diverses pour trôner dans le salon, moyennant 100 $.

De quel type étaient donc ces émissions dont parle Leonard Spencer? Aucun écrit n'existe à ce sujet. Il s'agissait essentiellement, d'après Spencer, d'émissions expérimentales, sans but commercial, dictées par les goûts de leurs animateurs. Ces périodes d'antenne devinrent toutefois plus régulières lorsque CFCF décida de quitter son studio de la rue William pour s'installer dans l'édifice de la Canada Cement, rue Sainte-Catherine. C'est là que l'animateur Walter Darling se fera connaître comme pionnier de l'animation hertzienne. Entre-temps, le 26 juin 1921, la France fait la première démonstration publique de radiodiffusion en l'honneur d'Edouard Branly. Un mois plus tard, sous la direction du général Ferré, on produit une émission expérimentale. Le 5 août 1921, la première partie de baseball, opposant les Phillies aux Pirates, avait été retransmise à la radio. La diffusion régulière débute en décembre 1921 depuis un émetteur installé sur la tour Eiffel. Le 2 juin 1922, a lieu l'inauguration officielle des émissions avec Sacha Guitry et la chanteuse Yvonne Printemps. À la même période, l'Américain Georges Forest, tout juste âgé de dix-huit ans, installe une radio dans une Ford-T. C'est un nouveau départ! Le 6 octobre 1922, la France entre dans le concert des diffuseurs!

1922: CKAC

1922 marque la création de CKAC (qui veut dire Canadian Kylocycle América Canada), première station de langue française en Amérique, qui fut toutefois bilingue durant ses six premières années d'existence. Mais Roger Baulu, doyen des ondes québécoises, va plus loin! Dans un livre qui soulignait les soixante ans de CKAC, Baulu prétend que ce poste a été *le premier d'expression française au monde*... C'est perdre de vue les dates d'inauguration officielle... La fondation de CKAC fut immédiatement suivie par CKCK, en Saskatchewan, CJCA, en Alberta, et CJOR, en Colombie Britannique.

Au moment où CKAC amorçait sa grande carrière, la fièvre de la radiodiffusion s'emparait du Canada et des États-Unis. Le département de la Marine, à Ottawa, émettait, la même année, trente-neuf permis de radiodiffusion commerciale. En 1924, l'Ontario recense douze postes de radio, le Québec six et, aux États-Unis, on en a compté plus de deux cents! Plusieurs de ces postes ne virent jamais le jour, certains fermèrent leurs portes assez rapidement, faute de moyens. Quatre ans plus tard, quatre-vingt-onze permis seront distribués. De ce nombre, quarante seulement emprunteront la voie des ondes. Neuf de ces postes sont la propriété de journaux, dont CKAC qui appartient à *La Presse*.

Dix des stations existantes sont la propriété de fabricants ou de vendeurs d'accessoires électriques. Les critères d'admissibilité à la propriété radiophonique n'étaient pas très sévères à cette époque. La maison Dupuis et Frères avait aussi son poste de radio, la station CJCK. La présence de cette entreprise commerciale sur les ondes ne durera qu'un an. Il semble bien que la radiodiffusion ait surtout attiré ceux qui, d'une façon ou d'une autre, étaient en mesure de promouvoir leurs produits en se servant de ce média comme outil de propagande commerciale. C'est ainsi que CKAC faisait connaître les vertus de *La Presse*, imitant en cela les huit autres postes de radio appartenant à des quotidiens. Quant aux marchands d'accessoires électriques, ils offraient sur les ondes les pièces nécessaires à la radiodiffusion. Pour sa part, le magasin Dupuis et Frères vendait à ses clients un récepteur en pièces détachées permettant de monter soi-même l'appareil devant servir à écouter sa propre station, CJCK. Pendant ce temps, aux États-Unis, le 19 février 1922, l'étoile de Vaudeville, Ed Wynn, devenait le premier gros nom du showbiz à signer un contrat pour une série radiophonique.

L'histoire de la radio française au Québec, et surtout à Montréal, c'est d'abord et avant tout CKAC. C'est la doyenne des stations de radio québécoises francophones. Elle a été la rampe de lancement qui a permis à bien des nôtres de prendre leur envol. «Ce n'est pas par hasard qu'apparaît dans le journal *La Presse* une chronique quotidienne portant sur les «merveilles du sans fil», à la fin d'avril 1922. Le quotidien de la rue Saint-Jacques veut sensibiliser ses lecteurs à la radio et les préparer à une bonne nouvelle: le mercredi 3 mai 1922, il titre: «*La Presse* fait installer sur le toit de son immeuble le plus puissant poste de radiotélégraphie d'Amérique. Bientôt tous les lecteurs de *La Presse* pourront être en communication constante avec le poste CKAC. Il suffira pour chacun de se munir d'un modeste appareil récepteur de 20 $ et plus[7].»

On se réjouit de la nouvelle. Il sera désormais possible de communiquer avec le Québec et de pénétrer dans des régions éloignées, isolées. «Mais pendant que des gens avisés entrevoient la révolution des mentalités que pourrait impliquer l'initiative de *La Presse,* d'autres se montrent sceptiques sur la possibilité de réaliser une telle entreprise, les techniciens québécois étant peu nombreux[8].»

Cette nouvelle était de taille, et les agences de presse d'Amérique et d'Europe transmirent, le même jour, un message à l'effet que *La Presse* avait signé un contrat avec la compagnie Marconi pour «l'installation du poste le plus moderne et le plus puissant de radio à longue distance en Amérique du Nord».

Le journal est conscient que CKAC aura d'autant plus d'importance qu'il y aura de personnes propriétaires de postes récepteurs. À cette fin, une série d'articles sensibilisera les lecteurs à cette nouvelle réalité des communications. Les abonnés du journal sont encouragés à se munir de récepteurs ou encore à en fabriquer d'après les directives reçues dans les colonnes du quotidien. On ne manque pas non plus de les informer que les auditeurs, pour se conformer à la loi fédérale, doivent se procurer un permis, au coût de 1 $ par année, lequel est disponible dans les bureaux de poste[9].

Roger Baulu, dans son livre *CKAC, une histoire d'amour,* rappelle que l'annonce d'une station radiophonique à *La Presse* obligea la direction du journal à transformer le dernier étage du 7 ouest de la rue Saint-Jacques en véritable studio insonorisé.

Le mercredi 27 septembre 1922, le poste CKAC commence enfin à diffuser sur la fréquence 410 mètres: la cérémonie d'ouverture officielle aura lieu le 2 octobre. Mais avant ça, Evelyn Marengo chantera sur les ondes du jeune poste et deviendra la première voix féminine à se faire entendre à CKAC. Baulu affirme que la réception des ondes, à ce moment-là, était excellente. «Les téléphones d'auditeurs satisfaits en témoignent.» Le samedi 30 septembre, de 7 heures à 11 heures, les artistes du chant Edith de Lys et Alfredo Gandolfi, de passage à Montréal, donnent du prestige au poste. Au nombre des techniciens spécialistes au service de CKAC, on note la présence de Leonard Spencer qui avait déjà fait ses preuves à WXA et CFCF.

L'historien Michel Brunet rappelle qu'il arrivait à Jacques-Narcisse Cartier, directeur de la station, et par surcroît speaker, de s'exprimer en des termes assez familiers, s'excusant de devoir quitter le micro pour quelques instants, le temps de traverser la rue pour aller chercher un sandwich et un café[10]. Il ne serait venu à personne de trouver ça curieux...

Lors de l'inauguration officielle, le 2 octobre, on note la présence parmi les invités d'honneur de l'une des actrices les mieux rémunérées du cinéma muet américain, la Canadienne d'origine Mary Pickford, accompagnée de son époux, le nom moins célèbre Douglas Fairbanks. Mme Pickford qui s'exprima dans un excellent français, comme d'ailleurs Fairbanks, fut étonnée des installations du poste de *La Presse*.

Le 4 octobre, CKAC transmet par radiotéléphonie — terme utilisé à l'époque — les résultats des grands matchs mondiaux de baseball disputés au Polo Grounds de New York. Ce jour-là,

CKAC, sans le savoir, en annonçant les résultats du baseball avant *La Presse* amorça la concurrence presse parlée — presse écrite. Ce n'est que plus tard qu'on se rendrait compte de cette rivalité. Nous y reviendrons. Pour Roger Baulu, CKAC était de fait et en titre le pionnier des postes français d'Amérique, et bien davantage! «*Le Grand Larousse encyclopédique* dit bien que les premières émissions de radiodiffusion réalisées en France eurent lieu en 1921, à partir de la tour Eiffel par les soins des Postes, télégraphes et téléphones (PPT).» Et plus pertinent encore: «À partir du 2 novembre 1922, un poste privé appartenant à la Société française radioélectrique, commence à diffuser régulièrement informations et concerts, quatre jours après l'inauguration officielle de CKAC, le pionnier des postes français du monde[11]!» Là encore cela est relatif comme vous l'avez vu précédemment.

«On vit une extraordinaire aventure parlée» écrivait dans le plus grand quotidien français d'Amérique, P. Arthur Côté «et on connaît mal les rouages et les possibilités de la radio, mais tous les espoirs sont permis.»

En 1922, Montréal ne comptait que 2000 propriétaires de postes récepteurs, mais *La Presse* prévoyait que ce chiffre triplerait en quelques mois. Le 13 octobre, le journal publiait une photo de monsieur Félix Surprenant, du 150 de la rue Cuvillier, l'un des premiers auditeurs de CKAC. Le journal et le poste faisaient bon ménage dans leurs démarches de promotions respectives.

Toujours au cours de l'automne de 1922, CKAC annonçait avec fierté que ses émissions avaient été captées à Juneau, en Alaska, puis à Oklahoma. Au cours de cette même année, l'Angleterre mettait sur pied la British Broadcasting Company qui devait devenir par la suite l'une des radios les plus influentes du monde.

La première programmation

Au début, la programmation de CKAC n'était pas très structurée, un peu à la va-comme-je-te-pousse. Comparativement à aujourd'hui, c'est le jour et la nuit! Ainsi, l'un des fondateurs de la station, monsieur John Callaghan, récita en ondes, en anglais et en français, la fable de La Fontaine, *La Grenouille et le Bœuf*. Pour sa part, madame Athanase David, épouse du Secrétaire de la province de Québec, prononça une conférence radiophonique en faveur des anciens combattants de la guerre 14-18. Mlle Fabiola Poirier fait ses premières armes sur les ondes de ce poste. Le journaliste P. Arthur Côté dira: «Elle a été la première voix «falcon» à être entendue sur tout poste de radio existant à cette époque[12].» Les débuts de CKAC furent cependant difficiles. L'installation mécanique laissait parfois à désirer et créait souvent des embarras.

Quelques jours plus tard, John Callaghan revient au micro de CKAC et pose la question à savoir si les Canadiens français parlent patois. Monsieur M.A.L.B. Thomas, directeur du BIT, le Bureau International du Travail, prétend de son côté que la radio aura pour effet de matérialiser la pensée, alors que le directeur des émissions, Jacques N. Cartier, exhorte les auditeurs à faire de la propagande en faveur de la science nouvelle.

Le 2 novembre de la même année, le premier poste français d'Amérique offre une grande soirée littéraire, la première du genre au pays et sur tout le continent, dit-on, avec la collaboration exceptionnelle de monsieur François Lambert et de Mlle Cécile Sorel, sociétaires de la Comédie-Française, alors de passage au Québec. Durant cette année d'inauguration, CKAC annonça aussi à ses auditeurs l'établissement d'un service de radiotélégraphie avec la France.

P. Arthur Côté, journaliste à *La Presse,* prévoyait pour la radio un extraordinaire avenir, pour autant qu'on en découvre toutes les possibilités et qu'on s'ingénie à les maîtriser.

À ses débuts, CKAC faisait aussi entendre des orateurs qui traitaient de miel, de marcaroni Catelli, de protection des animaux, de la Croix-Rouge, de coiffure, de mode et même de l'esperanto.

Chose bizarre, on remarquera que la radio des débuts était beaucoup plus culturelle que ne l'est celle d'aujourd'hui. Et pourtant, la population des années vingt était moins instruite. Roger Baulu croit que CKAC cherchait à répandre un goût marqué de la qualité chez l'auditeur: «On tentait de rejoindre une élite suffisamment avertie pour que le chant et la musique classique plaisent.» Mais la radio ne faisait pas l'unanimité. Déjà on reproche à son personnel d'être mysogine. Début des années vingt, Jane Gray déplore que la radio n'embauche pas de femmes. Elle se plaint sur les ondes d'une station de London, Ontario, qu'on n'y entende pas de voix féminine... et on lui laisse entendre que ses propos sont mal venus... Il faudra attendre la guerre, lorsque les hommes seront partis, pour accroître dans nos stations le nombre de femmes...

«Lorsque le poste CKAC décide de présenter de la musique populaire, il fait appel à des groupes en vedette dans des boîtes de nuit huppées de la région métropolitaine, s'abstenant ainsi de verser des cachets aux artistes déjà rémunérés par les cabarets qui bénéficient alors d'une excellente publicité sur les ondes[13].»

Pour l'époque, et avec les moyens du bord, on peut facilement dire que CKAC avait une grosse production. En huit mois, le poste produisit 164 concerts et récitals, et 1898 artistes, chanteurs, comédiens et instrumentistes, venus de tous les coins du pays, avaient défilé devant ses micros. Ses auditeurs purent aussi entendre 52 orchestres différents.

On sera donc d'accord pour affirmer que la culture exerçait une attraction considérable sur ce nouveau média. Et le 15 avril 1923, CKAC surprend une fois de plus. Il radiodiffuse une première: Monsieur et Madame Rudolph Valentino, de passage à Montréal, rendent visite au célèbre poste de *La Presse*. Pour saluer le couple, les élèves du Mont-Saint-Louis interprètent l'opérette *Les Cloches de Corneville*.

En début d'année, CKAC avait réalisé sa première émission à l'extérieur de ses studios de *La Presse*. Quel coup d'audace! La radio qui sort de ses studios pour se montrer en public! Elle profite de l'occasion pour annoncer à ses auditeurs qu'ils pourront capter leurs émissions préférées à compter de 13 heures. Par contre, à 14 heures, les lundis, mercredis et vendredis, CKAC cédait ses ondes à CFCF, car les deux postes partageaient alors la même longueur d'ondes. Un peu comme CBFT et CBMT aux débuts de la télévision.

Puis, conscient de sa popularité et soutenu par le journal *La Presse,* CKAC annonce dès 1927 qu'il a l'intention de se doter d'un nouvel émetteur de 5000 watts dans la ville de Saint-Hyacinthe. Fini le partage de longueur d'ondes avec CFCF! Le poste de *La Presse* fera cavalier seul et s'installera dans ses propres locaux, rue Sainte-Catherine ouest, angle de Metcalfe. Ce sera chose faite en 1929. CKAC et CFCF profiteront aussi de leur «séparation» pour devenir mutuellement unilingues car CFCF et CKAC réservaient toutes deux un certain temps d'antenne aux langues française ou anglaise.

CKAC s'était tellement bien distingué au cours de ses premières années d'expérience que le rédacteur en chef du *Radio Digest Illustrated,* venu à Montréal, se déclare émerveillé de l'installation et de l'effacité du poste *La Presse*.

Fort de l'expérience acquise depuis ses cinq premières années, CKAC passait, sans transition évidente, de l'amateurisme au professionnalisme qui serait désormais, et pour toujours, une de ses plus remarquables caractéristiques. Durant les années vingt, le Québec s'électrifie de plus en plus. On sait ce qui se passe à Buckingham Palace, à Rome ou à New York. Le Québec est ouvert sur le monde.

En 1927, on compte 18 211 permis pour appareils de radio au Québec. Il en coûte un dollar du permis. Plusieurs s'installent clandestinement des antennes de fortune et enfreignent la loi fédérale. Ottawa sera obligé de céder et oublier sa taxe déguisée!

CKAC augmente sa puissance et installe en 1927 ses antennes
de transmission à Saint-Hyacinthe.
(Photo CKAC)

En novembre de la même année, bien que le flash publicitaire n'existe pas encore, les marchands s'intéressent à certaines commandites. Par exemple, le fabricant d'appareils-récepteurs Atwater-Kent commandite une série de concerts mettant en vedette les artistes canadiens d'abord! Certains déplorent que notre radio se réfère trop souvent aux artistes américains...

En 1927, on annonce que désormais les radios produits industriellement sont signés Philco-Transistor, de Philadelphie. Parmi les autres commanditaires à la programmation de CKAC, on note la présence du gouvernement québécois. Celui-ci vote une somme de 7800 $ pour la diffusion de *L'Heure provinciale*, une émission qui traite de gastronomie, d'agriculture, d'hygiène, de musique... C'était là la réplique de Québec à Ottawa qui lui refusait la permission de se doter d'une radio provinciale à vocation éducative et culturelle.

En 1931, le budget de cette émission est porté à 31 000 $, et MM. Henri Letondal et Édouard Montpetit ont la responsabilité de surveiller la diffusion et la qualité des émissions du gouvernement provincial. Ne pouvant doter le Québec d'un poste de radio, comme semblait le désirer le premier ministre Taschereau, son secrétaire d'État Athanase David avait décidé de louer les ondes du poste de *La Presse*.

L'apparition du «flash» publicitaire

Fin des années vingt, le phénomène du «flash» publicitaire fait son apparition. Oh! il y avait bien le soutien prestigieux des gouvernements ou autres sociétés, mais le «flash» publicitaire en tant que tel n'existait pas, sauf aux États-Unis où la publicité commençait à se transformer sous forme de messages-éclairs. Jusque-là, le commanditaire n'était identifié qu'au début et à la fin de l'émission. D'après Roger Baulu, c'est le comédien-fantaisiste Ovila Légaré qui est, un peu inconsciemment, à l'origine de cette forme de publicité chez nous. «Légaré arrive dans le studio de CKAC avec un chapeau tout neuf. Il se fait demander par le speaker de service où est-ce qu'il s'est procuré ce magnifique couvre-chef... Et Légaré de répondre: «Mais chez Michaud, naturellement, c'est le seul bon chapelier de la ville.»

Or, le lendemain, le chapelier Edmond Michaud, harcelé par le téléphone, décide de prendre contact avec CKAC dans le but de placer des «flashs» en ondes. Ainsi naquit la notion des quinze, trente et soixantes secondes publicitaires. On découvre l'avantage de la publicité à la radio. Et ce sera sa force encore de nos jours. Un commerçant a le goût de vanter les mérites de ses produits! Il donne un coup de fil au poste de radio et, une demi-heure plus tard, il entend parler de son produit en ondes...

Mais, aussi jeune soit-elle, la publicité soulèvera dès le départ l'ire de plusieurs consommateurs. Le 11 février 1931, avant même la création de la première régie des ondes, la Canadian Radio Broadcasting Commission, les principaux radiodiffuseurs privés réunis lors de l'assemblée annuelle de la Canadian Association of Broadcasters, tenue à Toronto, décident d'arrêter la diffusion de messages publicitaires le dimanche, ils ne conserveront que des mentions commerciales. De plus, ils limitent la diffusion de la publicité après 19 heures à un maximum de 5% du contenu et ne diffuseront pas de messages commerciaux*.

Une américanisation qui va inquiéter Ottawa

C'est encore aux États-Unis qu'on constatera l'avantage des grands réseaux. Si CKAC pouvait prendre une certaine distance vis-à-vis des Américains quand il s'agissait d'être présent aux grands événements de chez nous, il n'en était pas ainsi lorsqu'il fallait préparer une programmation. Dans ce temps, comme aujourd'hui d'ailleurs, nous étions très américanophiles! À peu de frais, CKAC avait aussi tendance à se brancher sur les réseaux des États-Unis et ainsi réalimenter une population qui absorbait un produit *Made in U.S.A.* C'était bon et ça ne coûtait pas cher à la station de *La Presse*. Et rappelons que le Québec était beaucoup plus anglicisé dans ces temps-là qu'aujourd'hui. Dès l'été de 1929, le poste de *La Presse* se joint à un réseau de 51 stations à travers le Canada et surtout aux États-Unis. Un an plus tard, notre poste montréalais annoncera qu'il se fait le porte-parole de la Columbia Broadcasting System et qu'il pourra ainsi présenter la célèbre musique de danse du temps de Jack Benny. Étant affilié à CBS, CKAC expédie ses émissions spéciales vers les réseaux américains. Par exemple, le réseau des postes se branchera sur CKAC lorsque celui-ci participera aux cérémonies d'ouverture du canal Welland. Mais CKAC n'était pas la seule station canadienne à s'américaniser de la sorte. Comme les autorités fédérales s'interrogent depuis 1928 sur la pertinence de mener une enquête royale sur notre système radiophonique, les gens de CKAC tenteront de se défendre. Le directeur du poste de *La Presse*, Joseph-Arthur Dupont (qui fondera plus tard CJAD), comparaît devant un comité parlementaire à Ottawa. L'entente paraphée par CKAC et CBS vient à peine de naître. Devant les membres de la Commission Aird qui font enquête sur la situation de la radio au

---

* Archives du ministère de la Marine. Cité par E. Austin Weir, *The Stuggle for National Broadcasting in Canada,* McClelland & Stewart, Toronto 1965, p. 100.

pays, Dupont défend l'affiliation aux Américains. «Nous sommes libres d'accepter ou de refuser tout programme.» Bref, Dupont fit savoir que CKAC ne s'était affilié à CBS que pour lui «emprunter» ses émissions les plus exclusives, par exemple celles diffusées par les orchestres symphoniques de New York ou de Philadelphie. Il s'agissait donc d'émissions qui ne pouvaient provenir du Canada. La Commission Aird, qui craignait l'importation trop grande d'émissions américaines, voulait s'assurer l'autonomie de CKAC à l'intérieur de ce réseau. Il n'en fallut pas plus à Dupont pour convaincre ces messieurs du Comité parlementaire. Mais comme on craint cette Commission royale d'enquête qui s'interroge sur le désordre grandissant du système radiophonique, les diffuseurs fondent la «Canadian Radio League» pour se défendre.

Roosevelt savait se servir de la radio avec persuasion.

Au début des années trente, le Québec, à l'image de ses voisins, est en pleine crise. Un citoyen sur quatre est en chômage. Aux États-Unis, Franklin Delano Roosevelt s'apprête à prendre le pouvoir et à offrir une solution à la crise économique: on commence à parler du «New Deal». L'arme du 32e président des États-Unis: la radio. Roosevelt donnera 998 conférences radiophoniques. Partout à travers le pays, la radio fait entendre cette voix vibrante. Parallèlement, on assiste, à Montréal, aux premières expériences de télévision au Canada.

En 1933, on apprend que 100 000 voitures sont déjà équipées d'appareils-radios aux États-Unis. Donc, malgré la gravité de la crise, la radio connaît de l'expansion. Cela est attribuable au fait que les gens ne pouvant plus sortir, se divertir, se consoleront à la maison avec la radio au centre du salon. La vogue des radio-romans prend de l'ampleur. Les radiophiles ont besoin de vedettes. Un nouveau métier apparaît: le bruiteur! Il devra être capable de rugir, miauler, siffler et japper avec la même authenticité!

L'information radio versus presse écrite

La naissance de la radio en Amérique a soulevé la méfiance de la presse écrite. La radio posait un problème. Si n'importe qui pouvait aisément transmettre n'importe quoi, n'importe où dans le monde, nous allions vers l'anarchie. L'ampleur de la concurrence énervait la presse écrite. Pourquoi lire un journal si on pouvait recevoir les nouvelles sans délai, chez soi, par le biais des ondes? Mais pour obtenir les nouvelles des quatre coins du monde, les grandes agences de presse devront intervenir pour rétrécir le fossé qui s'élargissait entre gens de la radio et ceux des journaux. Au début, ça pouvait aller dans le cas de CKAC ou de toutes ces stations qui appartenaient déjà à des journaux. Mais pour d'autres postes qui «piquaient» les nouvelles dans les journaux, ça ne pouvait plus fonctionner, d'autant plus que ces journaux payaient très cher leur affiliation aux grands réseaux de l'information, tels UPI et Associated Press.

Le problème était que le nouveau média s'adressait au même public que celui des quotidiens, mais gratuitement... Avec la constitution des réseaux aux États-Unis, la concurrence radiophonique se révéla plus redoutable que ne pouvaient le prévoir les propriétaires de journaux. Bref la radio, plus rapide, devança la presse écrite, au moins en ce qui avait trait aux nouvelles de dernière heure. Mais comme ces radios étaient alimentées par les mêmes agences que leurs concurrents de la presse écrite, l'Association des directeurs de journaux demanda alors aux agences Associated Press et United Press International de mettre un stop à leur collaboration avec les stations de radio.

La chaîne CBS répliqua en instituant son propre réseau de nouvelles: Hélas! les stations indépendantes n'en avaient malheureusement pas les moyens. Après une «mini-guerre», elles provoquèrent la convocation, en décembre 1933, d'une commission d'enquête. Postes de radio, agences de nouvelles et directeurs de journaux s'expliquèrent dans un face-à-face. Le débat se termina par la conclusion du Biltmore Agreement, du nom de l'hôtel de Los Angeles où se tenaient les réunions. La presse écrite eut gain de cause. Victoire! Les radios ne recevraient désormais que des résumés, et les bulletins ne seraient diffusés qu'au rythme de cinq minutes à l'heure.

Les speakers étaient même invités à compléter leurs résumés avec la mention suivante: «Pour plus de détails, se référer aux journaux»...

Quelques années plus tard, devant l'insuccès de cette «règle», les agences inauguraient un service de mini-nouvelles destinées essentiellement aux postes de radio.

Au Québec, c'est vers 1933 que les téléscripteurs firent leur entrée dans les salles de nouvelles de nos stations de radio. «Avant ça, d'écrire Roger Baulu, des messagers devaient se rendre toutes les heures chercher les dépêches à la Canadian Press qui, elle, alimentait le journal *La Presse*. La Canadian Press se trouvait, à ce moment, rue de l'Hôpital dans le Vieux-Montréal[14].»

En ce qui a trait à la langue de travail pour les nouvellistes de service dans nos radios, on notera que ce n'est qu'après la guerre que le français apparaîtra sur les téléscripteurs. «On devait donc traduire et ça, pour une station radiophonique de langue française, c'était nettement désavantageux compte tenu du fait que les stations anglaises ne perdaient pas un temps précieux à la traduction[15].»

Comme on le constate, la radio canadienne n'a pas eu à subir avec autant d'intensité la méfiance à l'endroit des agences et des directeurs de quotidiens. Cela peut s'expliquer par le fait que l'information n'apparaîtra sur nos ondes, d'une manière plus structurée du moins, qu'au moment où le contentieux se réglera avec le *Biltmore Agreement*. Aussi, faut-il ajouter ici qu'un bon nombre de propriétaires de stations radiophoniques sont également détenteurs de journaux. On a donc l'information-radio comme un menu préliminaire de ce que serait celui de la presse écrite. Et CKAC n'oubliait jamais de dire à la fin de ses bulletins que ceux-ci avaient été rédigés grâce à la collaboration de *La Presse*...

Mais la traduction constituait parfois des dangers et il fallait se montrer vigilants. Baulu rappelle qu'un jour l'équipe des traducteurs (Ferdinand Biondi et lui-même) se préparait à capter une importante émission en provenance d'Europe lorsque, à la surprise de tous, on entendit le président du Conseil des ministres de France, Monsieur Édouard Daladier, annoncer dans un français impeccable, la reddition de l'armée belge. Il n'y avait absolument rien à changer[16].»

La crise n'arrête pas l'engouement des radiophiles

À Montréal, plusieurs s'imaginaient que l'extrême misère et la stagnation allaient ralentir l'élan de la radio... Quelle méprise! En 1933, CKAC se préparait à commémorer son 15ᵉ anniversaire de naissance. Dix-huit fois plus puissante qu'à ses débuts, la station radiophonique s'approprie la faveur populaire dans la métropole, en province et même en Nouvelle-Angleterre où vivent d'imposants groupes de Canadiens français. Le 3 décembre 1934, CKAC publie dans *La Presse* le résultat d'une consultation menée auprès de ses auditeurs. Une photo fait voir une montagne de lettres encourageant la station à étendre ses services. C'est Flavius Daniel qui avait dépouillé ces messages d'encouragement venus de tous les coins du Québec et même des États-Unis et de l'Alaska.

Arrive 1936, l'année où Maurice Duplessis prend le pouvoir à Québec. Pendant que le chef de l'Union nationale reprend à son compte le désir de doter la province d'une radio provinciale, Radio-Canada s'installe sur les ondes. «Il y a dans l'air des rumeurs de guerre mondiale», rapporte la radio. Elle répète qu'il existe un impressionnant arsenal militaire en Allemagne. Elle parle aussi d'un certain Adolf Hitler qui se fait de plus en plus connaître par la voix des ondes. De son côté, Radio-Canada exerce rapidement une influence culturelle incomparable et devient le principal débouché des artistes canadiens. Pendant ce temps, en Allemagne, Adolf Hitler hypnotise des milliers de gens par le truchement de la radio.

Alors que les auditeurs apprécient les émissions comiques d'*Amos'n Andy*, aux U.S.A., de *Nazaire et Barnabé*, au Québec, et de *Wayne and Shuster*, au Canada, tout n'est pas que drôlerie en ce monde. Le chômage augmente, les faillites se multiplient, mais la radio va bon train.

Pendant ce temps, la radio montréalaise poursuit, parallèlement à la présentation de ses spectacles américains, la promotion de talents québécois. «Jusqu'au début des années trente, il n'existe pas de système de vedettes à la radio au sens où on l'entend de nos jours. La radio ne fabrique pas de vedettes. Elle ne crée pas, à ce moment-là, ses propres mythes, elle n'invente pas d'images neuves, elle se contente d'améliorer sa technique. C'est déjà beaucoup, c'est pourquoi les invités, qu'ils soient musiciens, comédiens, narrateurs ou simples lecteurs, ne sont pas rémunérés[17].»

En somme, la radio leur accorde une faveur en les invitant à venir en studio. Il est pourtant certain, comme on peut le constater par la lecture des journaux de l'époque, que les stations de radio misaient, certains soirs, sur la notoriété de quelques artistes pour

La propagande était importante durant la guerre.

augmenter le nombre de leurs auditeurs même si, à ce moment-là, le bulletin des cotes d'écoute n'existait pas encore.

Cette politique de bénévolat prend fin avec l'entrée en ondes de CBF, qui assurera désormais la carrière de nombreux artistes en donnant une véritable expansion au radio-théâtre. Quatre ans plus tard, Radio-Canada consacrera seize heures par semaine aux radio-romans. En 1939 apparaît le journal *Radio-Monde*. Gratien Gélinas devient la première vedette de la radio à mériter la médaille d'or de cet hebdomadaire. Mimi d'Estée décroche le premier titre de Reine de la radio. La venue de CBF, Radio-Canada est une source d'agacement pour CKAC, *La Presse* et CHLP, *La Patrie* (née en 1932), qui détenaient jusque-là le monopole de l'auditoire francophone.

Avec ses revenus de 130 000 $ dès sa première année, CBF se paiera le luxe d'un poste ambulant (car de reportage) et deviendra la «station de prestige» de Montréal. De plus, le 11 avril 1938, débute à CBF *Le Réveil rural,* qui apportera aux cultivateurs des informations concurrentes de celles de *L'Heure provinciale* de CKAC. C'était la réplique d'Ottawa à Québec.

Mais CKAC ne se laissera pas damer le pion! La station de *La Presse* encourage la montée du théâtre québécois, symbolisé par Robert Gadouas, Ovila Légaré, Sita Riddez, Huguette Oligny, Germaine Giroux et Denise Saint-Pierre, comédiens de talent dont on parle beaucoup. N'oublions surtout pas la célèbre émission *Madeleine et Pierre,* qui n'était que le prolongement des cours de diction et d'art dramatique de Madame Jean-Louis Audet, «une pionnière au Canada dans l'enseignement du bon parler français[18].»

En réalité, cette émission divertit et passionne toute une génération durant les années de la guerre 1939-1945. Tous les jours de la semaine, entre 17 h 45 et 18 h 00, la jeunesse montréalaise néglige ses travaux scolaires pour suivre les aventures de Madeleine et Pierre. Puis, à 18 h 00, on tourne le bouton du côté de CBF pour capter l'émission *Yvan l'intrépide.*

CKAC et CBF se livrent une lutte qui se situe toujours au niveau de la qualité. L'engouement de l'auditoire pour ce genre d'émission pousse CBF à produire des sketches en série. *Un homme et son péché* apparaît à l'horaire du 690 au cadran, en mars 1942. C'est Guy Maufette qui doit réaliser la série de Claude-Henri Grignon. «En quelques mois, les épisodes quotidiens de quinze minutes, diffusés du lundi au vendredi, exercent un tel attrait que Radio-Canada confirmera qu'*Un Homme et son Péché* est l'émission la plus écoutée de la province et même d'Amérique du Nord[20].»

À l'heure des émissions, toute activité cesse dans les foyers. Les curés de campagne doivent retarder ou devancer les offices, leurs

Un homme et son péché à la radio, avec Guy et Estelle
Mauffette et Hector Charland.
(Photo Radio-Canada)

ouailles étant passionnées par l'épopée héroïque de la colonisation
des Pays d'en haut, sous l'égide du curé Labelle. «Gravitent autour
de ce personnage central, Séraphin Poudrier, dit l'Avare, maire de
Sainte-Adèle, Donalda Laloge, son épouse, le notaire Le Potiron, le
bon docteur Cyprien, qui dispense ses soins pour quelques sous, et
Arthur Buies, secrétaire du curé, pamphlétaire et libre-penseur;
bref, toute une galerie de personnages plus colorés les uns que les
autres. À l'origine de tout cela, un homme hors du commun,
Claude-Henri Grignon, dit *Valdombre*[21].» La vente des écrits de
Claude-Henri Grignon lui a tout juste permis de subsister, mais la
radio, grâce à ce roman, va lui apporter aisance et célébrité. Cela se
fera notamment lorsque, en 1948, une compagnie canadienne-
française de cinéma, Québec Productions, dont l'un des directeurs
est le regretté Paul Langlais, portera à l'écran *Un homme et son
péché*. Le budget? 37 000 $! Malgré l'abondante production radio-
phonique, *Un homme et son péché* est la préférée de tous. Estelle
Maufette (Donalda) et le grippe-sous, Séraphin (Hector Charland)
deviennent les premières vedettes de l'heure.

Les radiophiles de CBF apprécieront également *Vie de famille,
Rue Principale, Quelles nouvelles?* etc. Parmi les productions de

45

CBF les plus évocatrices de l'époque, rappelons l'hommage du 24 mai 1939 à Dollard des Ormeaux, celui du 18 novembre de la même année à Jean Racine et celui du 2 décembre à Louis Fréchette. Puis, durant la guerre, les ondes de CBF ne laissent passer aucune occasion de raffermir le courage et la volonté de vaincre avec des émissions comme: *l'Histoire en marche, le Monde nazi, Réponse à Hitler, À la gloire de la marine...* La musique militaire occupe une place de choix. Du côté anglais, deux fantaisistes commencent à percer: Johnny Wayne et Frank Shuster avec leur *Army Show.* C'est aussi durant la guerre que CBF lance *Radio-Carabin,* une émission de variétés à laquelle participent surtout des étudiants universitaires.

À CBF, une émission de radio extrêmement populaire, *Chez Miville. (Photo André LeCoz)*

Mais le Canada n'a pas de radio à ondes courtes!

Au Canada, la Société Radio-Canada ne s'intéresse que tardivement à l'exploitation des ondes courtes. Pourtant, il s'agissait bel et bien d'une arme psychologique fort importante en temps de guerre. Maurice de Lorraine, un spécialiste des communications, décrit l'atmosphère qui régnait en Allemagne durant les mois qui ont précédé le conflit. La radio assumait un rôle primordial dans l'entretien de ce climat de révolte. De Lorraine écrit qu'il est impos-

sible de comprendre cette atmosphère entretenue par la radio allemande, sans avoir une idée des événements politiques contemporains. «J'eus personnellement un pressentiment de ce qui devait
arriver en revenant de Prague à Paris en voiture. Je m'étais rendu à
Prague pour aplanir certaines difficultés éprouvées par la station
radiophonique de cette ville. Ayant traversé la frontière tchèque, je
décidai de passer la nuit dans la première ville allemande, Wernberg
sans doute! Après le dîner, toute la ville se rassembla sur la place
publique et j'entendis pour la première fois un discours d'Hiltler
transmis par haut-parleur. Je fus profondément impressionné,
moins par le discours que je ne pouvais pas bien suivre, que par l'attitude du peuple. Il régnait un silence profond, personne ne bou-
geait, ils avaient tous l'air hypnotisés par la voix des ondes. À partir
de ce jour-là, on n'eut plus besoin de me convaincre du pouvoir
qu'exerçait Hitler et la radio sur le peuple allemand [22].»

Cela et bien d'autres événements auraient dû suffire pour attirer l'attention des autorités de Radio-Canada à s'intéresser aux
ondes courtes.

Sommes-nous des retardataires? Le 18 septembre 1942, le gouvernement autorise la Société Radio-Canada à se pencher sur cette
question, mais ce n'est qu'au début de 1945 qu'on inaugure le Service international de Radio-Canada, c'est-à-dire son service à ondes
courtes. C'était bien tard! Ce service a été défrayé par le ministère
des Affaires extérieures jusqu'au début des années 1970, alors qu'il
fut intégré à part entière à Radio-Canada.

«Oui, nous y sommes venus très tard. C'est à la suite de pressions du gouvernement de Londres que nous avons finalement
décidé de mettre sur pied un service d'ondes courtes; ce gouvernement se demandait ce qu'il adviendrait de la BBC de Londres si Hitler réussissait à faire traverser ses troupes en Angleterre. C'est alors
qu'on a songé à un repli au Canada. Comme nous n'avions rien à
offrir aux gens de la BBC, si jamais ils venaient, bien sûr, le premier
ministre du temps, M. Mackenzie King, et son cabinet, ont décidé de
prêter une oreille attentive aux demandes que Radio-Canada faisait
depuis de nombreuses années à l'effet que notre pays, puissance
internationale, se devait d'avoir une voix diffusant à travers le
monde [23].»

Par ailleurs, la guerre force Radio-Canada à s'intéresser à une
diffusion spécialement conçue pour les troupes canadiennes canton-
nées en territoire européen. Tout près de la capitale fédérale, on a
érigé un puissant émetteur d'ondes courtes qui, en plus de permettre
l'audition d'émissions étrangères, retransmet les nouvelles de la
BBC. Parmi les messages retransmis par Radio-Canada, il y a des
extraits de certains discours d'Adolf Hitler. Mais le Canada reçoit

C'est par la voix des ondes que l'Occident fit
connaissance avec Adolf Hitler.

aussi de la propagande des radios allemandes. Il y a les habiles Radio-Berlin et Radio-Stuttgart. N'oublions pas que c'est par l'entremise de ces radios que Goebbels a entrepris la guerre des mots. «Contre Radio-Stuttgart, la France jouait à l'adolescente[24].»

Le Québec n'échappe pas aux messages des ondes courtes de la radio nazie. Profitant de la division idéologique qui régnait à ce moment entre Canadiens français et Canadiens anglais, la radio d'Hitler darde ses ondes sur la province de Québec et encourage les Canadiens français à ne pas entrer en guerre contre l'Allemagne. En échange, une victoire nazie accorderait au Québec son indépendance vis-à-vis du Canada. «Dimanche le 23 juin, la radio allemande, au cours d'une émission sur ondes courtes destinée au Québec, a fait savoir qu'Hitler offre sa pleine et entière collaboration pour que l'indépendance du Québec se réalise. Nous n'avons qu'à nous rebeller contre la Grande-Bretagne et nous obtiendrons ensuite notre Laurentie...[25]» avait écrit le journaliste du *Jour*, Jean-Charles Harvey. Harvey qui avait en quelque sorte désobéit, à ce moment-là, à la Loi de la censure qui prévalait pour tous les médias au moment de la guerre.

Pour sa part, Radio-Canada, c'est-à-dire CBF, étend son rayonnement en Europe, sur le terrain des hostilités. Cette expérience lui a permis d'accélérer l'expansion de ses services d'information.

Au début, l'équipe d'outre-mer comprend un technicien et un reporter, qui ont quitté le pays pour la Grande-Bretagne avec la première division canadienne en décembre 1939. Avec l'aide de la BBC,

Les premières unités mobiles, alors appelées «postes ambulants», ont été mises en service en 1938. Le poste no 1 était à Toronto, le no 2 à Montréal et le no 3 à Londres d'où il couvrait les événements internationaux. *(Photo Circuit fermé)*

on organise un service de diffusion bilatérale. D'abord, une série d'émissions à l'intention des troupes canadiennes en Europe. Par la suite, Radio-Canada expédie quatre cars de reportage spécialement conçus pour la guerre. En peu de temps, les auditeurs canadiens reçoivent des reportages décrivant les bombardements de Londres. Du côté anglais de Radio-Canada, Arthur Holmes, à l'intérieur de son unité «Betsy», sera le premier à faire entendre les effroyables bombardements de Londres. Radio-Canada devient ainsi le premier organisme de radiodiffusion à concevoir et à exploiter pareil équipement mobile.

Par ailleurs, les techniciens de Radio-Canada aideront les forces françaises libres à mettre au point et à installer une puissante station sur ondes courtes en Afrique-Équatoriale française.

Au pays, la Société met à la disposition de son auditoire une série d'émissions spéciales. Parmi celles-ci, mentionnons: *La situation ce soir,* avec Louis Francœur, *La guerre et nous,* avec Eustache Letellier de Saint-Just et Jean-Louis Gagnon.

Nul mieux que de Gaulle savait utiliser cette arme qu'est la radio.

Ouvrons ici une parenthèse pour parler un peu plus longuement de Louis Francœur. De toutes les émissions de commentaires diffusées au réseau français de Radio-Canada durant la guerre, nulle n'a surpassé dans la faveur populaire celle de Louis Francœur. En octobre 1930, Radio-Canada confie à Francœur la tâche de présenter une émission hebdomadaire sous le titre de *Sur la scène du monde.* Puis en juin 1940, lors de l'Appel du général de Gaulle sur les ondes de la BBC, Francœur reprend sa chronique, quotidienne cette fois, et rebaptisée *La situation ce soir.* C'est avec cette émission que Francœur donne véritablement un caractère adulte à la radio. À Montréal, les radiophiles apprécient tellement le sérieux et le style de Francœur qu'on s'empresse d'entrer au foyer pour 22 h afin de ne pas manquer son émission. Tellement qu'à sa mort, survenue à la fin mai 1941, des suites d'un accident d'automobile à Sainte-Anne-des-Lacs, 50 000 personnes viennent lui rendre hommage à l'Institut des sourdes et muettes de la rue Saint-Denis où il avait été exposé. Une foule de politiciens et de journalistes assistent à ses funérailles, le 4 juin, à l'église Saint-Jacques. Aucun doute là-dessus, Louis Francœur sortait vraiment de l'ordinaire.

D'autre part, Paul Barette, Gérard Arthur, Marcel Ouimet et Benoît Lafleur font d'excellents reportages depuis la campagne d'Italie avec le 22ᵉ régiment. René Lecavalier anime *Ici, Radio-Alger,* et François Bertrand est responsable de l'émission *Les Emprunts de la victoire,* de 1941 à 1945[26]. À Londres, du haut des toits des édifices sous le feu des bombardements allemands, un reporter, René Lévesque, se fait connaître des radiophiles québécois. Plus tard, Gérard Pelletier écrira dans *Le Devoir:* «M. Lévesque est, à mon avis, la révélation de l'année radiophonique et le meilleur commentateur que nous ait jamais présenté la radio canadienne. Certains trouveront peut-être cet éloge intempérant. Je le fais pourtant sans aucune inquiétude, après avoir repassé dans mon esprit tous les grands noms du métier[27].»

«Pour sa part, Roger Baulu, chef annonceur, suit les rencontres au sommet de Québec, où il doit notamment présenter, lors d'un dîner, Winston Churchill[28].»

Le conflit 39-45 est l'occasion de quelques rencontres politiques sur le sol canadien: la visite et les discours du général de Gaulle à Montréal et à Québec le 12 juillet 1944 et la conférence au sommet des Alliés qui réunit Roosevelt, Song, Churchill et King à Québec le 31 août 1943 et le 11 septembre 1944. À la radio, De Gaulle remercie les 10 000 Canadiens massés devant la Tour de la Paix du Parlement pour l'aide apportée à la France combattante.

À la même époque, le monde sportif prend une place importante dans la programmation de Radio-Canada: matches de base-

Le reporter-radio s'exposait autant que le militaire
au feu de la guerre.

ball, de football et de hockey sont diffusés avec la collaboration des stations affiliées. Les radiophiles de Radio-Canada découvrent, un soir de 1944, qu'un dénommé Maurice Richard bat, à lui seul, les Maple Leafs de Toronto en comptant les 5 buts de son équipe. Le lendemain *La Presse* titrera: Maurice Richard 5 — Toronto 1! Les Canadiens français commenceront de plus en plus à s'identifier à lui. Avec la guerre, il va sans dire que tous les ponts sont coupés entre le Québec et la France. Depuis ces dernières années, notre radio a axé sa programmation sur le disque français. Soudain plus rien! C'est ainsi que le soldat Lebrun lancera la mode des chansons de guerre, ouvrant la voie à d'autres dont Jacques Aubert et Lionel Parent. Roland Lebrun connaîtra autant de gloire que la Bolduc. L'année 1945 annonce la venue d'une nouvelle station à Sorel: CJSO, alors qu'un an plus tard naissent les deux premières stations FM de Radio-Canada à Montréal et Toronto.

Une fois la guerre terminée, CKAC prend une autre initiative. Il devance ses concurrents en diffusant vingt-quatre heures par jour. L'expérience ne durera pas longtemps et le poste quittera les ondes à 1 heure a.m. Phil Lalonde, le directeur des émissions de CKAC, propose au maire Camillien Houde d'animer sa propre émission en compagnie d'invités triés sur le volet. Le premier magistrat accepte et on l'entend régulièrement à *Ici Montréal*. Le maire avait déjà une expérience radiophonique puisque, durant ses campagnes électorales précédentes, c'est sur les ondes de CKAC qu'il avait atteint la population pour solliciter son appui dans sa lutte contre l'achat de la Montreal Water and Power... Plus tard, Jean Drapeau ne fera qu'imiter, dans une formule télévisée moins heureuse, son truculent prédécesseur. Toujours au cours de l'année 1947, on discute de l'opportunité de populariser la radio FM ou MF, c'est-à-dire de modulation de fréquence. Le départ de ce nouveau média sera lent. En effet, une dizaine d'années plus tard, on recensera à peine une douzaine de postes FM, et le Rapport Fowler recommandera alors au gouvernement d'encourager la distribution de permis pour ce nouveau type de radiodiffusion.

Depuis 1946, à CKAC, à CBF et à CHLP on surveille le cheminement d'un nouveau venu: CKVL. À CKAC, avec *Le casino de la chanson*, animé par Jean-Pierre Masson, Erroll Malouin et Émile Genest, le poste de *La Presse* atteindra, en 1949, les sommets de la popularité. Une participante à un concours gagne 7000 $ et le poste reçoit, la même année, plus de sept millions de lettres...

Réal Giguère passe de CHLP à CKAC lorsque Roger Baulu quitte Radio-Canada pour aller à CKVL. CKVL sera à l'origine de grandes carrières: Oscar Peterson et Félix Leclerc. Peterson, le p'tit gars de la rue Saint-Antoine, participe à quelques concours de talents

53

de Montréal. CKVL le fait naître. Quant à Félix Leclerc, qui avait déjà fait retentir sa guitare sur les ondes de CHRC à Québec, il connaîtra «son vrai départ» au poste de Verdun. «De passage à Montréal, à la recherche d'un exceptionnel talent, Jacques Canetti passe par CKVL qui est alors le radio-véhicule de la chansonnette française parrainé par Pierre Dulude, l'innovateur de la 'Chansonnette française' et par Guy Mauffette, son porte-parole sur les ondes. C'est, en effet, à CKVL que Félix subira une audition devant Canetti. Aussitôt fait, il lui tend un contrat pour Paris[29].»

Pour sa part, Mme Pierrette Champoux aura l'honneur de décrocher le titre de première radio-reporter à intervenir sur le vif... L'année 1949 annonce l'entrée de Terre-Neuve dans la Confédération. Jusqu'alors les insulaires Terreneuviens s'alimentaient par le biais des ondes de la station VONF, Voice of Newfoundland, directement branchée à la BBC de Londres. À ce moment, un dénommé Jœy Smallwood, qui avait adopté le surnom The Barrellman, venait de terminer une campagne en faveur du rattachement de Terre-Neuve au Canada.

En 1951, la compagnie de publicité J. Walter Thompson nous apprend que déjà 23 500 Canadiens vivant près des frontières sont munis de téléviseurs et captent la télé américaine. La télévision... le Canada sera-t-il en mesure de répondre à la demande lorsque le temps sera venu, avait demandé J. Walter Thompson.

CKAC, comme les autres stations, doit donc surveiller ce nouveau venu dont l'influence n'avait pas été évaluée à ce moment-là. Officiellement la télé de Radio-Canada inaugure ses studios en septembre 1952. «Il faut dire qu'il y avait anguille sous roche. Même avant la guerre, ayant entendu parler d'une certaine invention anglaise, le technicien Alphonse Ouimet, dans les années trente, avait essayé 'une affaire', comme il disait... Mais la guerre, les difficultés techniques, ont fait qu'on a laissé dormir ce jouet de science-fiction dans les tiroirs. Cependant, comme aux États-Unis, dans le milieu des années quarante, la télévision commençait à naître, il fallait bien s'y intéresser[30].»

Dès 1953, alors que la télévision faisait sensation, plusieurs Montréalais commencèrent à prédire la mort de la radio.

Souvenons-nous des joutes de baseball qui captivaient notre attention lorsque nous suivions, le nez collé à la vitrine du plus avant-gardiste des marchands de meubles de la rue principale de notre quartier. C'était l'époque où nos Royaux étaient, pour nous, plus populaires que les équipes de grand calibre, tels les Yankees. Bien que la télévision fût en opération depuis mars 1952, c'est le 6 septembre de la même année qu'on procédera au lancement officiel

54

À l'inauguration de CBFT-Montréal, Henri Bergeron
demande les impressions du maire de Montréal,
M. Camilien Houde. *(Photo Radio-Canada)*

de ce nouveau concurrent. Le speaker de service, ce soir-là: Henri
Bergeron. Le 13 octobre 1952 on assiste à la première télédiffusion
d'un match de hockey opposant le Canadien aux Red Wings de
Détroit. Ce soir-là, aux côtés de Michel Normandin, un jeune dont
on disait beaucoup de bien: René Lecavalier.

Prétendre que la radio était dépassée, c'était ignorer la prompte
réaction à venir des jeunes radiophiles, pour ne pas dire les radioma-
niaques. C'est, en effet, à ce moment-là, presque spontanément,
que nos radiodiffuseurs, probablement influencés par les stations
américaines, trouvèrent une nouvelle vocation à la radio quotidienne. À CKVL, Jack Tietolman avec ses onze «radio-romans»
quotidiens faisait vivre des douzaines d'artistes. L'Union des artistes était aux oiseaux avec ce diffuseur! Mais le phénomène de transfert s'accentuait, c'est-à-dire que les radiophiles préférant voir
qu'entendre le radio-roman, on força CKVL à se redéfinir. La
vogue des radio-romans achève et le métier de bruiteur disparaît. On
laissa tomber partiellement les romans-fleuves pour offrir aux auditeurs un nouveau dosage de musique et d'information. Ce complément direct de ce que nous offrait la télévision prit une forme nouvelle lorsque apparut ce salutaire «gadget» que nous appelions alors
la «radio portative», terme qui se mua rapidement en celui de radio-
transistor. C'est à Walter Brattarie et à William Shockley, deux prix
Nobel de la physique, en 1956, qu'on devait l'invention du transistor.

Léon Lachance, le premier à s'improviser discjokey sur les ondes françaises. *(Photo CKVL)*

Afin de stimuler la vente de ce nouvel appareil, on inventa une formule, alléchante pour l'époque: «le hit-parade», où nous pouvions entendre et réentendre ce que nous appelions «les dix grands succès de la semaine».

CKVL en sait quelque chose. Le regretté Léon Lachance en fut l'expert et, grâce à cette formule, le poste de Verdun atteignit des sommets. Même les anglophones l'écoutaient. CFOX-Pointe-Claire et CKGM à Montréal s'empressèrent toutefois de récupérer cette clientèle. Autre surprise: les Américains accueilleront même un peu plus tard parmi leurs «dix succès de la semaine», *Dominique*, le disque d'une chanteuse d'expression française, sœur Sourire. Mais la radio aura à subir d'autres chocs comme nous le verrons au fil des décennies. En 1953, CKAC se distingue dans un autre domaine. Pendant que les radios françaises ont tendance à s'américaniser, le poste de *La Presse* se voit décerner la médaille de l'Académie française, ce qui n'est pas une mince affaire. La Société du bon parler français et la Société Saint-Jean-Baptiste en sont heureuses, de même que tous les défenseurs de la langue. À Sudbury, toujours

Gilles Brown et Suzanne Lévesque font aussi danser
les jeunes Québécois sur des rythmes américains.
(Photo CKVL)

Pierre Marcotte passera
de CKVL à CFTM-TV
puis à CJMS.
(Photo CKVL)

en 1953, CKJO-TV devient la première station privée de télé au pays.

Mais quelle est donc la valeur du français parlé lors des débuts de la radiodiffusion à Montréal? Cette radio québécoise utilisait une langue généralement pittoresque. Quelquefois une langue incorrecte mais, chose assez surprenante, c'était beaucoup moins fréquent qu'on pourrait le croire. En ce qui concerne le vocabulaire, par exemple, on allait chercher des mots du parler régional, des mots de la langue populaire de tel quartier ou de tel métier. Mais n'allons pas croire que Montréal était une ville plus française qu'aujourd'hui et qu'il y était facile de s'exprimer dans sa langue maternelle. Au contraire, on raconte que les grandes compagnies américaines et torontoises qui commanditaient les textes radiophoniques «obligeait les scripteurs à mal écrire sous prétexte que c'était le seul moyen d'atteindre la population», de rappeler Olivier Carignan, producteur-radio durant l'âge d'or de ce média. Or, Carignan, au moment où il dirigeait une agence de publicité, est arrivé à convaincre les commanditaires qu'il était possible d'atteindre le public dans une langue correcte. «Il a ainsi créé le fameux radio-roman qui a duré vingt-six ans, *Jeunesse dorée*. Et cette œuvre s'est efforcée de donner une image fidèle du milieu québécois, une image acceptable dans une langue correcte[31].» Bref, si on comprend bien, Carignan a en quelque sorte donné la réplique à nombre d'anglophones qui nous mettaient sous le nez: «J'aimerais parler le français, mais le français qui se parle à Paris.»

On doit donc à la radio, selon Pierre Pagé et Renée Legris, d'avoir créé un environnement français au Québec. En revenant à leur domicile, le soir, les ouvriers qui passaient la journée dans des usines où l'anglais était la langue d'usage se retrempaient dans une atmosphère française à l'écoute de la radio. La langue française de la radio a nécessairement influencé la progression du langage parlé au Québec. Le duo Pagé — Legris va même jusqu'à se demander si la radio québécoise n'a pas contribué à sauver la langue française ici. L'auteur, Robert Choquette, est du même avis. Selon lui, à la radio on parle beaucoup mieux français aujourd'hui qu'il y a vingt ou trente ans. Mais c'est oublier, comme nous le disions dans l'introduction, le phénomène de nonchalance qui s'est installé sur nos ondes... Personnellement, je me souviens que, il y a plus de vingt ans, lorsque nous commettions une erreur de français en ondes, le téléphone retentissait immédiatement! Au bout du fil, il y avait toujours un auditeur prêt à nous corriger. Alors, nous étions sur nos gardes. Aujourd'hui, plus on écorche son français, mieux on réussit... et le téléphone ne retentit plus, ou presque!

En 1957, CHLP *La Patrie* disparaît. Ses commanditaires, dont Edmond Michaud, le chapelier, l'abandonnaient faute d'auditoire.

CJAD vient briser le monopole CFCF

Joseph-Arthur Dupont, ancien bras droit de Phil Lalonde à CKAC, fonde, le 12 décembre 1945, la station anglaise CJAD. C'est sans conteste la meilleure station de radio privée à Montréal, en ce sens que c'est celle qui montre le plus de maturité dans sa programmation.

À sa naissance, CJAD doit se faire une place au soleil. Elle utilise un truc nouveau qui, à ce moment, exerce beaucoup d'attrait sur les radiophiles. Pendant six mois, CJAD ne diffuse que de la musique, sans interruption. La nouvelle station s'identifie une fois par quinze minutes, pour rappeler à son auditoire en voie de formation qu'il est à l'écoute d'une radio non encombrée par la «parlote». Pour se tailler une place, CJAD précède donc la formule FM. Cela aura suffi pour faire dire à un employé de la radio que le cauchemar de CFCF fut la naissance de CJAD. En effet, avec l'arrivée de CJAD, CFCF-Marconi voit la fin de son règne de vingt-six ans, pendant lequel elle a été le seul porte-parole de la radio privée anglaise à Montréal. La concurrence entre ces deux postes ressemble sensiblement à celle qui existe actuellement entre diverses stations à Montréal et Québec.

Une fois son auditoire constitué, CJAD s'installe dans le paysage radiophonique avec l'émission *Club 800*. Bob Harvey, l'idole des «Bobby soxers», impressionne la jeunesse, et un fort groupe de francophones suit de près les derniers «hits» du très populaire disc-jockey.

Mike Stephens, fondateur d'une école de speakers, succède à Harvey quand celui-ci part pour la Floride. Tous les jours, en fin d'après-midi, Stephens se rallie la faveur populaire, semant l'inquiétude à CFCF.

De 1947 à 1948, Don Cameron, avec son *Make-Believe Ballroom*, est le présentateur exclusif des grands chefs d'orchestre de l'époque. Il connaît Jimmy et Tommy Dorsey, Ray Conniff et Lester Lannin. Il fait revivre le temps de la guerre avec les musiques de Glen Miller, Gene Krupa, Errol Garner et son «new sound» appelé: «Misty».

Acquise par la suite par la Standard Broadcasting de Toronto, affiliée aux puissants réseaux NBC et Standard, la station CJAD est en mesure de devancer ses concurrentes dans le secteur de l'information.

Cette étudiante qui travaille près de son poste de radio illustre la mode des jeunes: blue jeans et socquettes. C'était l'auditrice type de CJAD. *(Photo Life)*

La radio accueille les orchestres de danse et les jeunes
en profitent. *(Photo Life)*

La première journée de l'arrivée de George Balcan à Montréal... à CJAD. Depuis qu'il est au micro de ce poste, en 1964, Balcan l'a mené au sommet des cotes d'écoute des radios anglaises. *(Photo CJAD)*

1956: CHRS, Radio-Soleil

La station de CHRS, Radio-Soleil limite sa mise en ondes du lever au coucher du soleil, afin de ne pas gêner la radiodiffusion, au Québec, d'une station de Baltimore, aux États-Unis.

Lorsqu'elle entre en ondes à l'automne de 1956, on lui attribue la fréquence 1090 au cadran. Or il se trouve qu'une station émettrice des États-Unis, WBAL, de Baltimore, dans le Maryland, possède le même signal de diffusion, quoiqu'elle émette sur une puissance dix fois supérieure à celle de CHRS, soit 100 000 watts. Pour ne pas brouiller les ondes du géant américain, CHRS cède donc les siennes du crépuscule à l'aube. Même si ce formidable concurrent se trouve à quelque 500 milles de CHRS, c'est en vain que la direction de ce poste tenta en 1966 de présenter une ordonnance à caractère technique à Ottawa afin d'obtenir la permission de diffuser après le coucher du soleil, ne serait-ce qu'à 1000 watts. Cette diminution de puissance aurait permis au poste de la rive sud de Montréal de conserver une partie de son auditoire. Tout le monde y aurait trouvé son compte.

Ce poste s'est fait connaître grâce au regretté Bernard Turcot et à Fernand Robidoux; un peu plus tard, l'animateur Michel Trahan devait davantage le populariser. Mais, dans l'ensemble, Radio-Soleil ne fait pas grand tapage.

Depuis 1967, CHRS n'est plus autre chose qu'une station fantôme hautement automatisée dont le personnel se limite à un gérant, un vendeur, un nouvelliste, un discothécaire et une standardiste. On invite parfois des vedettes sur le tard, comme récemment Franchie Jarraud, à animer quelques émissions.

En 1958, Radio-Canada inaugure son service du Grand-Nord et pousse ses ondes jusqu'à Yellowknife.

CFOX à Pointe-Claire (1960)

Ancienne propriété de Gordon Sinclair, fils du propriétaire du même nom à CFCF, la station du Lakeshore se spécialise jusqu'en 1969 dans la musique de style country. Puis elle adopte le genre populaire du Top Forty. Très américanisée de par sa musique, elle ne s'adresse que rarement aux adultes. L'information y tient une place secondaire, et pour les jeunes Anglo-Saxons, c'est bien ainsi. Son grand auditoire français, quant à lui, se fichait éperdument des nouvelles lorsqu'il était aux écoutes des stations anglaises. «Pourvu que nous soyons satisfaits... peu nous importe la culture française.» On peut y voir la sœur jumelle de CKGM. Aujourd'hui, CFOX a changé d'indicatif d'appel pour CKO-News, une station qui diffuse de l'information détaillée, dix-huit heures par jour. Ce faisant, elle est beaucoup plus utile à la communauté... même si elle s'est lancée dans une véritable campagne anti-gouvernement québécois. CKO-News à Pointe-Claire n'est qu'un chaînon du réseau Allnews dont la tête de pont est à Toronto.

En 1962, Montréal voit naître CFMB, une multilingue de 10 000 watts, mais qui, malheureusement, s'identifie carrément au groupe des stations anglaises de la métropole.

En 1974, malgré une faible diffusion, une radio communautaire, CINQ-FM, émettant en modulation de fréquence et en cinq langues pour desservir Milton-Parc, le Centre-Sud, le Mile-End, le

CKO délaisse le style country qui sera vite récupéré par CKVL. Sur la photo: Blaise Gouin, Gilles Pétel et André Breton. *(Photo CKVL)*

plateau Mont-Royal et Saint-Louis, réussit à se faire connaître malgré ses 7,5 watts de puissance. Le français, l'anglais, le portugais, l'espagnol et le grec sont les langues utilisées pour combler la programmation de Radio-Centreville. Ses studios, situés boulevard Saint-Laurent, diffusent une programmation dont le point d'intérêt se fonde sur la vie de quartier. Avec le temps, elle a vite passé outre à ses cinq langues de diffusion pour s'intéresser aux Créoles, aux Vietnamiens et parfois aux Chinois.

C'est la diversité ethnique et linguistique de Montréal qui a amené le CRTC à encourager l'implantation d'une station de ce genre.

Comme les communautés ethniques ont toujours affirmé leur volonté de préserver leurs cultures propres et de les transmettre à leurs descendants, le CRTC considère que ces groupes de diffusion enrichissent la culture canadienne.

C'est ce qui explique l'accroissement récent du nombre de postes de radio en langues autres que l'anglais et le français.

CKGM-FM devient CHOM-FM

En 1967, une fois encore CKGM bouleverse le grand Montréal en donnant un nouveau style à sa diffusion FM. CKGM-FM, qui avait jusqu'alors diffusé de la musique douce (comme celle qu'on peut entendre à CFQR-FM), entreprit une véritable révolution dans son programme.

À l'instar de plusieurs stations américaines, elle se fait le véhicule de la contre-culture: CKGM-FM devient la première station underground au Québec. Alors que l'auditoire adulte de CKGM-FM proteste et exprime son irritation devant l'intrusion incongrue de cette contre-culture sur la bande FM qui, jusqu'alors lui était presque exclusivement réservée, les jeunes se réjouissent de ce changement, qui leur permet d'écouter de la musique «rock», radiodiffusée en haute-fidélité et en stéréophonie.

Dès ses débuts, CKGM-FM, avec sa nouvelle programmation, aura beaucoup de succès auprès des jeunes Montréalais qui s'identifient aux hippies de la côte ouest américaine. L'équipe des animateurs est dirigée par Doug Prigle; en ondes, on adopte un style particulier: on parle très près du micro à voix basse et feutrée. C'est ce qu'on appelait alors le style «cool». L'étape underground de CKGM-FM dura le temps de cette «contre-culture», qui devait plus ou moins s'effacer au début des années 70.

En 1969, se conformant à une réglementation du CRTC, CKGM-FM adopte l'indicatif d'appel CHOM-FM afin de se distinguer de CKGM-AM. Le CHOM, d'underground qu'il était à ses débuts, deviendra une radio à caractère progressif.

Un fait marquant, dans l'histoire de la pionnière des stations «Rock FM», qu'on ne saurait passer sous silence, est son habileté à avoir su conserver son auditoire majoritairement francophone. Pour y arriver, elle obtint du CRTC, pour une durée de trois ans, la permission de diffuser en anglais et en français, à partir de 1974. Cette expérience devait, en effet, se terminer en 1977, alors que le CRTC revenait sur sa décision antérieure et l'obligeait à ne diffuser qu'en anglais, à la grande satisfaction de ses concurrents français qui, se sentant lésés, avaient exercé des pressions auprès de l'organisme fédéral. La décision du CRTC ne plut pas toutefois au directeur de la station, pas plus qu'à ses animateurs, ni à une partie de son auditoire ou aux chroniqueurs spécialisés, qui auraient préféré que CHOM devienne une station française. Geoffry Olivier Brown et Robert Boulanger, deux populaires animateurs de CHOM, décidèrent de plier bagage et de déménager leurs pénates chez son concurrent direct, CKVL-FM, qui deviendra CKOI-FM.

Enfin, ajoutons qu'en 1974, CHOM-FM avait l'intention de se transformer en station quadraphonique.

Elle s'était même procuré une partie de l'équipement que cette conversion imposait. Mais le CRTC contrecarra son projet, prétextant, avec raison, que la quadraphonie n'était pas suffisamment éprouvée et que, par ailleurs, le risque de désuétude était trop élevé pour permettre une telle expérience. CHOM se voyait donc contraint de reporter son projet à une date indéterminée, et ce, malgré un battage publicitaire pour annoncer sa mutation.

Notons en passant qu'en 1967, la même expérience fut timidement tentée au AM de CKGM, mais elle ne fut pas concluante et on revint au style typiquement américain des «Top Forty».

CFGL-FM, une radio fleur bleue! (1969)

Après leur départ de CKLM, Jean-Pierre Coallier et son ami Rolland Saucier s'associèrent pour fonder, en septembre 1969, la station FM de Laval.

Le coût d'opération de ce poste est alors l'un des plus élevés du pays, car il n'a pas de station AM pour amortir ses dépenses. Néanmoins, plus d'une centaine de commerciaux par jour lui permettent de vivre à l'aise. Sa cote d'écoute demeure satisfaisante; la caractéristique de CFGL-FM est qu'elle conserve le plus grand nombre d'heures d'écoute par semaine. Ce qui importait, pour Coallier, c'était de faire connaître la bonne musique commerciale. Et il s'y employait avec bonheur.

C'est en vain qu'en février 1973 Jean-Pierre Coallier avait fait une demande au Conseil de la radio-télédiffusion canadienne pour l'obtention d'un permis de station radiophonique consacrée uniquement à la grande musique. Entre 7 heures du matin et minuit, Coallier voulait présenter de la musique classique, entrecoupée de commerciaux à caractère discret sans lesquels une station ne peut subsister.

Depuis janvier 1976, la station FM de Laval fait face à un concurrent dans son champ d'activité. Il s'agit de CKLM-AM qui a déménagé ses studios de la rue Sainte-Catherine, à Montréal, à Ville de Laval, devenant ainsi la première station radiophonique AM authentiquement lavalloise. Compte tenu de la vitalité commerciale de Ville de Laval, CKLM, une station rock, espère bien soutirer une partie des recettes publicitaires, dont s'est emparé CFGL-FM depuis plus de six ans. On se souviendra que CFGL-FM s'était opposée à la requête de CKLM, car elle y voyait un risque à sa propre rentabilité. Mais ses inquiétudes étaient mal fondées car elle demeure toujours puissante grâce à la qualité de sa programmation. CFGL-FM a, par ailleurs, eu l'heureuse initiative de nous fournir, en différé, les grands spectacles de la chanson en provenance du Patriote, de la Place des Arts, etc. Récemment, CFGL-FM faisait l'acquisition de CIEL-FM, une station longueuilloise dirigée par Stéphane Venne. 1976 est aussi l'année où le CRTC délivre ses derniers permis disponibles sur la bande FM. CIEL s'installe à Longueuil, CIME à Sainte-Adèle et CITÉ rue Sainte-Catherine. Depuis le temps Jean-Pierre Coallier a quitté CFGL et est devenu l'unique propriétaire de CIEL. Malgré une incroyable concurrence il réussit là où son prédécesseur avait échoué. CIEL n'est pas écouté comme le poste de Laval, mais se constitue malgré tout une clientèle grandissante. Coallier est un diffuseur audacieux et va même à contre-courant en ne favorisant que le disque d'expression française à l'heure où les radios sont toutes tentées par l'américanisation à outrance.

CJRM-FM: le même sort que CHLP

Avec le ferme désir de se spécialiser dans la diffusion de la musique classique, MM. Guy Corbeil, André Bélisle et Marc Legault obtiennent du Bureau des gouverneurs de la radio-télédiffusion, le 30 septembre 1965, l'autorisation de mettre sur pied la station CJRM-FM à 98,5 kc au cadran.

Située rue Cherrier, non loin du parc La Fontaine, elle n'a jamais réussi à retenir l'auditoire montréalais, malgré ses 100 000 watts. Fonctionnant avec quatre employés seulement, CJRM-FM puisant ses informations à même les quotidiens, n'était pas abonnée aux agences de nouvelles. La tête d'affiche de CJRM-FM fut l'auteur Yves Thériault, qui y donnait régulièrement des chroniques. Après de nombreuses difficultés techniques et financières, CJRM-FM devait se retirer en 1970. La programmation, axée sur la musique classique, ne parvient pas à rallier suffisamment de mélomanes radiophiles.

Les Montréalais sont peu habitués à assister à la fermeture d'entreprises radiophoniques. Contrairement aux journaux, deux stations seulement fermeront pour des raisons financières: CHLP en 1957 et CJRM-FM.

La décennie soixante-dix: celle des réseaux

Après une longue période d'adaptation, malgré le départ inexplicable de commentateurs profondément estimés du public, CKAC réussit à se fabriquer un nouveau visage. L'opération maquillage et sa cure de rajeunissement furent un succès... Au même moment, ou presque, CKAC était devenu, tout comme CJMS, la tête de pont d'un vaste réseau. On accuse alors CKAC, CJMS et CBF d'uniformiser le «son» des radios affiliées. Aussi, la mise sur pied des réseaux a dilué le caractère régional des stations de la Gaspésie, de l'Abitibi, de la Mauricie ou de la Côte-Nord. Toutefois, il n'est pas tout à fait juste de prétendre que cet envahissement finira par avoir des conséquences sérieuses sur la production dans les stations de province. Il y avait dans chacune de ces régions un nombre assez limité de journalistes. En centralisant les bulletins nationaux et internationaux, on a pu libérer ces gens pour mieux produire la nouvelle locale, ce qui constitue indéniablement un apport.

En revanche, l'efficacité des services offerts par les réseaux n'est pas aussi évidente. Par exemple, CKAC avec son réseau Télémédia et CJMS avec Radiomutuel éprouvaient des difficultés à alimenter les membres tout en tenant compte des besoins des régions et de la vocation montréalaise. En effet, à Québec ou à Matane, il n'est pas certain qu'on soit intéressé à recevoir les dépêches de ces deux réseaux qui parlent d'incendies ou de meurtres dans la métropole... C'est ce qui explique, en partie, les emportements de CKCV et de CJRP à Québec qui, à un moment donné, se sont carrément débranchés de leur réseau respectif. Cette démarche a forcé les salles des nouvelles de ces deux stations à prendre plus d'importance dans les bulletins d'actualité.

Récompense de ses nombreux efforts, le réseau Télémédia recevra un prix international pour l'excellence de son travail dans l'affaire Cross-Laporte alors que Michel Viens, de cette même chaîne, décrochera les honneurs en 1985 pour l'excellence de ses nouvelles.

Aujourd'hui ces réseaux sont devenus des entreprises colossales: à titre d'exemple Télémédia, dont le chiffre d'affaires dépasse les 100 millions, compte 18 stations dont 8 en Ontario. Sa machine est lourde. De plus, Télémédia possède quatre divisions reliées au domaine de la communication. En plus des Studios Telson, Cantel, TBS, elle possède également un investissement important dans CANCOM, la Société canadienne de Communication par satellite. Télémédia est aussi impliqué dans le secteur de l'Édition avec *T.V. Hebdo, T.V. Guide, Canadian Liging* et la revue *Coup de Pouce*. Voilà que, de 1922 à nos jours, CKAC n'a pas cessé de grandir.

Revenons à CFCF

Puisque nous voulions surtout dans ce chapitre faire le bilan des deux stations pionnières de la métropole, il nous faut rappeler que CFCF qui, à ses débuts, opérait avec une puissance de 5 watts,

Roger Baulu, qui a plus de 50 ans de métier, est encore aujourd'hui au service de CKAC.
(Photo CKAC)

est passé à 5000 watts. À cause de son incurie dans sa gérance, à une certaine époque, la première station du monde se voit limitée dans son rayonnement. Les autres grandes stations d'Amérique diffusant à une puissance de 50 000 watts. Partiellement bilingue pendant ses premières années de diffusion, le poste de Marconi ouvrit ses micros, durant l'âge d'or de la radio, à un speaker qui est rapidement devenu célèbre, Roger Baulu. L'annonceur québécois accepte pendant un certain temps de lire le bulletin de nouvelles bilingue, le soir, après avoir passé la journée au quotidien *Le Canada*. Cela dura jusqu'à ce qu'il joigne l'équipe de CKAC. Pour sa part, Oscar Bastien, qui était à l'emploi de CFCF à temps plein, donna l'identification de cette station pendant de nombreuses années. Avec Ernest Loiselle et Lucille Turner, du journal *L'Illustration,* Bastien a aussi animé le premier journal parlé sur les ondes montréalaises tandis que Paul L'Anglais a été l'un des premiers chanteurs canadiens à se produire sur les ondes d'ici. Il devint par la suite le plus grand producteur de théâtre radiophonique avec le Théâtre Lux.

CFCF a vu sa fortune grandir avec les ondes, c'est-à-dire au fur et à mesure que l'industrie des communications électroniques prenait de l'ampleur. C'est ainsi que sont greffés à CFCF-Radio, CFQR-FM, un poste de télé, et un studio de production: Champlain Productions. L'empire Marconi aura parcouru beaucoup de chemin avant de passer, en 1971, aux mains de Multiple Access puis, en 1978, à Jean Pouliot, un influent diffuseur de la Vieille Capitale pendant longtemps. Avec 26 millions en poches, Pouliot avait causé toute une surprise en devenant l'acquéreur québécois de cette entreprise anglophone. La surprise avait été d'autant plus grande que le CRTC avait opposé son veto, six mois auparavant, à une transaction entreprise par le diffuseur ontarien John Basset, dans le but de s'approprier l'empire Marconi.

Le CRTC répondait-il ainsi à une recommandation du rapport Vinet qui, en 1971, l'invita à ne plus céder au groupe anglophone une main-mise sur les médias électroniques? Nul ne le sait. On reconnaît cependant que l'empire de CFCF, malgré ses incartades en regard avec la loi 22 en 1975 et à maintes reprises contre la loi 101, est désormais identifié à une entreprise bien de chez nous... Comme à CKAC, elle fait partie de notre patrimoine.

Et si nous parlions de la concurrente de CKAC

CJMS célébrait, en septembre 83, ses trente années d'existence au sein de la communauté radiophonique de Montréal. Tête du réseau Radiomutuel, elle fut le leader incontestable de la radio à Montréal et au Québec, et son influence, il y a quelques années, a véritablement marqué notre industrie. Lancée en 1953, par l'équipe de «La Bonne Chanson» sous la direction de l'abbé Gadbois, CJMS entrera en ondes le 23 avril 1954. Les premières années furent entièrement consacrées à la chanson de chez nous jusqu'à ce que Raymond Crépeault, assisté du Terreneuvien Geoff Sterling, bâtisse une programmation à l'américaine. Jean Duceppe, Albert Brie, Paul Dupuis, qui étaient là pour promouvoir le talent canadien, prirent le chemin de la porte.

Plus tard, Sterling devait devenir propriétaire de CKGM.

C'est sous la férule de Raymond Crépeault et de Rock Demers qu'elle connut sa plus grande période de gloire. On peut dire sans se tromper que CJMS a marqué les années soixante avec son format dynamique, ses personnalités et son influence sur le monde artistique et sur l'industrie du disque.

Mais revenons à novembre 1955, alors que l'abbé Gadbois, promoteur de la chanson canadienne, cède son poste. CJMS est à ce moment au bord de la faillite. Ses studios (situés boulevard Dorchester près de la rue Hôtel-de-Ville), accueillent un jeune Français qui offre gratuitement ses services pour animer une émission de

Michel Desrochers, animateur fantaisiste, avait d'abord contribué, au début des années soixante, à accentuer la programmation à l'américaine de CJMS. *(Photo CJMS)*

nuit. Pendant son mois d'essai moyennant 10 $, Lucien Jarraud commence à susciter de l'intérêt auprès du maigre auditoire de l'antenne du 1280.

Lucien Jarraud, un ancien acrobate dont personne n'avait entendu parler, était venu à Montréal pour accompagner la troupe de Lily Saint-Cyr, la première strip-teaseuse qui ait excité les Montréalais au Théâtre Gaïty, devenu par la suite la Comédie-Canadienne. Jarraud y rencontra André Rufiange qui lui donna un coup de main... Dans un élan de générosité, mais non sans désintéressement, le Poulet Doré lui envoyait des cuisses et des poitrines de poulet qu'il bouffait en ondes tout en mentionnant le nom du donateur... Le jour — il travaillait de nuit — le Cosy Motel lui prêtait une chambre, et son coiffeur venait le friser en studio, tout en se laissant interviewer.

Quelques années plus tard, Jarraud deviendra «Frenchie» et sera «l'as reporter» des faits divers à Montréal. Il se fait remarquer par la presse et les actualités télévisées lorsqu'une certaine journée il est appelé à se rendre au pont Jacques-Cartier: un désespéré veut se jeter dans le vide. Jarraud, ex-funambule, monte à la rescousse du pauvre type et va le dissuader au sommet de la structure du pont. Ça y est! Jarraud est accepté des Québécois. Le lendemain, *Montréal-Matin* lui accorde sa première page. Quoique quelque peu xénophobes, les auditeurs découvrent avec plaisir ce Français qu'ils surnomment «Frenchie», tandis que CJMS démarre en trombe. Raymond Crépeault est aux oiseaux, mais Jarraud, par la suite, aura une carrière mouvementée et plus que controversée, ayant tantôt maille à partir avec les tribunaux, tantôt avec les syndicats de CKLM, CKVL et CJMS.

Mais au fur et à mesure que CJMS s'américanisait, le poste fut vite dénoncé par les éléments avant-gardistes du Québec. Durant des années, il a été le porte-parole de l'establishment, confiant à ses éditorialistes de service le soin de ressasser les vieux tabous et préjugés. Avec CKGM, CJMS est la station qui a le plus fréquemment provoqué les indépendantistes au début des années 60. Un soir, durant un de ces nombreux meeting politiques, le président du RIN, Pierre Bourgault, qualifia CJMS de poste des colonisés de la langue française. «Les Claude Bruchési et Paul Couke y prêchent la trahison et la lâcheté.» René Bataille, dans un numéro de 1965 du journal *L'indépendance*, écrivait: «CJMS est un poste tellement populaire, tellement québécois, qu'à certaines occasions la police de Montréal, celle qui vous matraque, doit monter la garde devant ses portes de la rue Berri. Ce qu'il faut dire, parce que ce n'est pas de la démagogie

N'eût été des gens comme Serge Bélair et Émile Genest, CJMS aurait été éliminé. *(Photo CJMS)*

mais une vérité politique, c'est que l'avenir du Québec sera français et intégralement français, ou bien ne sera rien d'autre qu'une image de CJMS, ce qui serait le comble du malheur[32].»

La dégringolade

Au début des années 70, CJMS perd d'abord sa première place au profit de CKAC. Il est vrai que Paul-Émile Beaulne et Roch Demers sont passés à CKAC et que leur influence se fait sentir. Puis, elle assiste graduellement à l'érosion de son auditoire qui se poursuit jusqu'au début des années 80. Une tentative de rajeunissement trop teintée d'élitisme amplifie sa chute, si bien qu'en 1984 CJMS n'a pratiquement plus sa raison d'être à Montréal, et n'eût été de la force d'un Serge Blair, il y a belle lurette qu'on n'en parlerait tout simplement plus. L'aspect négatif qu'il faut également ajouter à ce bilan est que, sauf CJRP-Québec, pour une courte durée le groupe AM de Radiomutuel a subi sensiblement le même sort au Québec.

Par ailleurs, l'absence d'une véritable politique salariale pour l'ensemble des employés a entraîné, en janvier 1977, la dernière étape de la grande bataille de la syndicalisation. Cette étape s'étendra chez toutes les stations AM de Radiomutuel et se terminera par la signature d'une première convention collective, en 1979, après plusieurs échecs. Cette victoire constitue une étape très importante vers l'implantation du syndicalisme au sein de l'industrie des communications. En 1970, le sénateur Keith Davey avait reconnu qu'une des solutions aux nombreux malaises de la radio privée était un syndicalisme fort. Cela, Laval Le Borgne, André Dalcourt et Maurice Amram, de la CSN, l'ont compris. Ces dernières années, ces dirigeants syndicalistes sont devenus le cauchemar de l'«establishment» radiophonique.

Même si la direction de Radiomutuel tenta d'intimider les syndiqués de CJMS, rien n'arrêta la volonté de ceux-ci, trop longtemps exploités par rapport aux vedettes qui défilaient aux micros de ce poste. Comme la coutume le voulait, l'Union des artistes appuyait la direction de Radiomutuel en octroyant des «passeports» aux animateurs-vedettes, permettant ainsi une diffusion normale malgré la grève des employés.

«Cette remise en perspective du passé est pour nous permettre de mieux saisir l'ampleur du mandat et de mettre en relief également les causes et effets de ce désastre afin d'éviter toute forme de récidive», disait récemment son nouveau responsable, Paul-Émile Beaulne, de retour à CJMS depuis mars 1984. Le management de l'époque est sans aucun doute le premier responsable de ce triste héritage, mais il faut aussi le chercher au niveau du marketing des

Au lendemain du dur conflit syndical, Réal Giguère et Jean Morin tenteront de donner un deuxième souffle à CJMS. *(Photo CJMS)*

stations. «Ce qui a le plus marqué cette série d'échecs, affirmait Paul-Émile Beaulne, c'est qu'il manquait un plan à long terme. Radiomutuel faisait preuve de beaucoup trop d'improvisation et souffrait d'un mauvais positionnement tout en ignorant le marché montréalais. Il tardait également à s'adapter avec la radio de services, souffrait d'une instabilité en ondes, n'a préparé aucune relève, et projetait une image trop 'quétaine', trop populiste. Beaucoup reprochaient aussi à ce réseau son manque de présence locale et de leadership.»

CJMS sera-t-il sauvé par l'automobiliste?

General Motors, Ford et Chrysler, aux dires de gens du milieu, proposent depuis les modèles 1984, une radio AM stéréo en option

Mars 1984. La nouvelle a l'effet d'une bombe. C'est le début de la guerre des ondes entre CKAC et CJMS. Paul-Émile Beaulne, celui qui quinze ans auparavant avait remonté la cote de CKAC, quitte les lieux et retourne au bercail. Normand Beauchamps et lui seront respectivement président et vice-président de Radiomutuel Inc. On les voit ici en compagnie de M. Richard Renaud, président du Conseil d'administration de Radiomutuel. Plus tard, suivront en provenance de CKAC, Rénald Brière et l'animateur Pierre Trudel ainsi que pour quelques heures... le reporter Richard Desmarais. *(Photo CJMS)*

Claude Poirier a longtemps été identifié à CJMS. À tel point que, dix ans après, des auditeurs le croient encore à cette même station. *(Photo CJMS)*

de luxe à leurs clients. Au Canada, une cinquantaine de stations AM ont adopté ce mode de transmission, et aux États-Unis le nombre dépasse maintenant les quatre cents stations. À Montréal, seules CJMS et CJAD diffusent en stéréo. Précisons que CJMS a mérité l'alléchant titre de «la première station francophone AM au monde à diffuser en stéréophonie». C'était en août 1983. Quant à CJAD, il a changé d'émetteur en juin 84.

Pour capter CJMS ou CJAD en stéréo, il faut absolument avoir un récepteur AM stéréo. Ce qui n'est pas facile à trouver. Les vendeurs de «son» d'importantes chaînes de magasins n'en ont jamais entendu parler. D'autres affirment que ces récepteurs sont disponibles aux États-Unis seulement. La confusion la plus totale règne. Il semblerait que 500 auditeurs québécois possèdent cet appareil, ce qui est très peu.

Depuis quelques années, les consommateurs ont délaissé le AM pour le FM. Le FM répond mieux à leurs attentes: qualité sonore, contenu musical supérieur et réclames publicitaires moins nombreuses. Selon Statistique Canada, les ventes brutes de temps d'antenne pour les stations FM ont accusé une croissance de 287% entre 1976 et 1981, contre 71% pour le AM. La venue de la stéréophonie sur la bande de modulation d'amplitude (réseau AM) corrigera-t-elle cet écart? Si oui la concurrence AM/FM reprendra du poil de la bête...

Mais ce n'est pas pour demain. La crise économique a refroidi l'ardeur de plusieurs. Maurice Tietolman, de CKVL, dit être intéressé mais à long terme. Pierre Béland, de CKAC, pense que le transfert se fera plus lentement que prévu. Mais, chose certaine, l'expansion du AM stéréo est inévitable. Là est peut-être le salut de CJMS. Oui, là est peut-être son salut, mais si salut il doit y avoir ce sera sans doute dû à l'agressivité de son équipe qui, comme durant les beaux jours de ce poste, est partout présente. CJMS, tête de pont du réseau Radiomutuel compte quatre stations et une douzaine d'affiliés. Sa structure est plus souple qu'à Télémédia. Par exemple, pour alimenter ses affiliés qui se plaignaient d'une trop forte dose «montréalisante», l'équipe de journalistes de CJMS produit des

Réhaume «Rocky» Brisebois, directeur des sports à CJMS, et Jean Pagé, chroniqueur de chasse et de pêche. *(Photo CJMS)*

bulletins montréalais pour sa propre station et des bulletins parallèles pour le réseau qui s'étend non seulement au Québec, mais couvre une partie du Nouveau-Brunswick. Ainsi, ces derniers bulletins sont plus nationaux et acceptables pour tout le monde pendant que, dans la métropole, CJMS montréalise sa nouvelle.

1. RESKING, Gérard, cité dans *L'Aventure de la radio au Québec, op. cit.*

2. MONTIGNY, Bernard, et LAPORTE, J.C., *Les débuts de la radio à Montréal et du poste CKAC.* Mémoire présenté à la faculté des Études supérieures, Université de Montréal, janvier 1979, 130 pages.

3. *Ibid.*

4. RESKING, Gérard, *op. cit.*

5. MONTIGNY, Bernard, et LAPORTE, J.C., *op. cit.*

6. BAULU, Roger, *CKAC, une histoire d'amour,* Éditions Stanké, 1982.

7. *Ibid.*

8. *Mémorial du Québec*, Éditions Société du Mémorial du Québec, 1980.

9. *Ibid.*

10. *Ibid.*

11. BAULU, Roger, *op. cit.*

12. RESKING, Gérard, *op. cit.*

13. BAULU, Roger, *op. cit.*

14. *Ibid.*

15. *Ibid.*

16. *Ibid.*

17. PAGÉ, Pierre, entrevue réalisée le 28 mars 1978, cité dans *L'Aventure de la Radio au Québec.*

18. *L'Aventure de la radio au Québec,* page 29.

19. *Ibid.*

20. *Mémorial du Québec, op. cit.*

21. *Ibid.*

22. DE LORRAINE, Maurice, cité dans *L'Aventure de la radio au Québec.*

23. ARTHUR, Gérard, pionnier du Service international Radio-Canada, entrevue réalisée le 5 avril 1978.

24. AMOUROUX, Henri, cité dans *L'Aventure de la radio au Québec.*

25. HARVEY, Jean Charles, chronique «Avec le sourire», 29 juin 1940, journal *Le Jour* cité dans *L'Aventure de la radio au Québec, op. cit.*

26. Revue *Circuit fermé* de Radio-Canada, novembre 1976.

27. *Mémorial du Québec, op. cit.*

28. *Circuit fermé* de Radio-Canada, à l'occasion du 40e anniversaire de CBF, novembre 1976.

29. *Mémorial au Québec*

30. *Ibid.*

31. *CKAC, une histoire d'amour, op. cit.*

32. *Le Soleil,* 10 décembre 1970.

33. *L'Indépendance,* organe d'information au RIN, mars 1965.

Chapitre 3

La fièvre de la radio...
à bord du train

Est-ce possible, un chemin de fer se lance
dans la radiodiffusion?

Le Canadien National est à l'origine du premier réseau national d'un littoral à l'autre. Eh bien oui! En 1919, le gouvernement d'Ottawa nationalise plusieurs chemins de fer qui sont acculés à la faillite. En fusionnant ces compagnies, les autorités fédérales créent une société de la Couronne qui s'appellera: The Canadian National Railway. Ainsi, par l'intermédiaire du CN, Ottawa se dote d'un réseau de chemins de fer couvrant le pays d'est en ouest.

Le premier président de la nouvelle société, Sir Henry Thornton, a pour principale préoccupation d'assurer la viabilité du CNR. S'intéressant à tous les moyens de communications, et plus particulièrement au plus récent, la radio, il en vient à se demander si une utilisation rationnelle de ce média n'amènerait pas de plus grandes rentrées d'argent... Sir Thornton voit dans l'intérêt toujours grandissant de la population pour la radio une possibilité d'accroître la clientèle du CN et, de cette manière, de renflouer les coffres de la société de la Couronne. Voulant assurer la rentabilité de son projet, il charge un groupe de spécialistes d'en analyser les implications. Les expériences en radio débutent dès 1922.

Le 1er juin 1923, un service de la radio voit le jour au CN et il est installé dans l'édifice des messageries de la rue McGill à Montréal. Quelques semaines plus tard, un groupe de journalistes américains du *Brooklyn Daily Eagle* décide de prendre un train du CNR pour se rendre à l'ouverture officielle du Parc national du mont McKinley. Au CN on leur a préparé une petite surprise. Un récepteur-radio a été installé dans la voiture panoramique à bord de laquelle les journalistes doivent voyager. Juste avant le départ, un message de bienvenue leur est adressé par la station CHYC, propriété de Northern Electric à Montréal. Tout au long du voyage, les journalistes peuvent se délecter de l'audition de concerts radiodiffusés par les stations canadiennes et parfois américaines. Pour la première fois, la radio est utilisée à bord d'un train transcontinental. La réaction des voyageurs ne permet qu'une conclusion: l'expérience est fantastique et doit être poussée plus loin, d'autant plus que le Canadien National a tout à gagner à posséder son propre réseau de postes de radio, tout comme Air France a son propre réseau d'hôtels aujourd'hui...

Sir Thornton se réjouit du fait qu'à cette nouvelle ère de la radio correspondra une ère de prospérité pour le CN.

Le 27 février 1924, la compagnie ferroviaire inaugure CNRO, sa première station à Ottawa. L'antenne qui s'élève sur l'édifice Jackson atteint une hauteur de 220 pieds. L'émetteur, fabriqué par la Northern Electric, a une puissance de 500 watts. Il émet sur 690 kilocycles, en attendant que CBF, Radio-Canada emprunte ce signal... Puis, le 7 novembre de la même année, Moncton accueille CNRA. Un peu plus tard, CNRA obtient la permission spéciale de diffuser en Angleterre et dans l'État libre de l'Irlande. À cette époque, les ententes se font sans trop de difficultés dans ce domaine. Comme les stations sont peu nombreuses, les interférences se produisant rarement, on peut les capter sur de très grandes distances.

Au début de 1927, la fièvre radiophonique enregistre un bond spectaculaire. Ottawa avait émis, au cours de cette seule année, plus de 15 000 permis de récepteur et évaluait à un million le nombre de radiophiles qui suivaient les émissions du soir. À cette époque, l'auditeur devait verser à Ottawa, rappelons-le, une contribution en échange de son permis. Les journaux de l'année nous apprennent que «de nombreuses personnes récalcitrantes ont été classées, par le gouvernement, parmi les propriétaires de récepteur qui, sans permis, font appel aux services des ondes[1].»

Montréal, comme toutes les grandes capitales, traverse la période des «années folles». Il s'agit de l'époque de l'entre-deux-guerres. On veut effacer le souvenir affreux du grand conflit et, un peu partout dans le monde occidental, on revient ou on tente d'effectuer un retour en arrière: désespérément, on essaie de recréer le climat d'avant 1914, l'atmosphère de «La Belle Époque» dont Paris était le symbole. En France, la radio parle souvent de la mode et de stars, dont Maurice Chevalier, qui perpétuera le music-hall de Mistinguett. En 1927, cette radio française excitera le monde entier lorsqu'elle annoncera l'arrivée, par la voie des airs, d'un jeune pilote américain nommé Charles Lindbergh. Il va sans dire que les radios de New York et de Montréal ne manquèrent pas non plus de souligner l'exploit. On commence à fonder de grands espoirs sur une

Amérique qui fonce, que ce soit celle de Capone ou celle d'Eliott Ness. Les bouleversements qui se produisent en Chine ou en Inde ne retiennent aucunement l'attention de nos stations de radio.

Par contre, le CNR se préoccupe des populations isolées du Grand Nord, grâce à ses postes de Winnipeg et Edmonton. Par ailleurs, CNRV de Vancouver diffuse, tous les vendredis après-midi, en collaboration avec la commission scolaire de cette ville, des émissions destinées aux enfants. *C'est le début de la radio éducative...*

«C'est encore au cours de cette même année 1927, soit le 1er juillet, à l'occasion du 60e anniversaire de la Confédération, qu'on réalise une émission grandiose. Pour ce faire, on relie plus de 23 000 milles de fil, vingt-deux stations canadiennes et une américaine, pour former un réseau capable de diffuser simultanément les célébrations dans tous les pays[2].» Pour sa part, la compagnie Marconi se charge de les diffuser en Angleterre et en Australie. Elles le seront également en Nouvelle-Zélande, à Panama, au Pérou, à Mexico, à Rio de Janeiro et ailleurs au Brésil. Partout, sauf en France, mère patrie des Canadiens français et peuple fondateur de leur pays.

On dit que la fête fut grandiose. On diffusa trois émissions, une le matin, une l'après-midi et une en soirée. 40 000 personnes s'étaient donné rendez-vous sur la colline parlementaire. On n'oublia pas d'interpréter le *God Save the King,* le *Maple Leaf Forever* et même le *Ô Canada.* La radio en profitera pour faire entendre un nouveau carillon qu'on venait tout juste d'inaugurer, ainsi qu'une chorale de mille jeunes voix, à laquelle se joignirent dix mille écoliers venus de Hull et d'Ottawa, et portant des drapeaux aux couleurs britanniques. Tout ce monde chanta à la radio en anglais et en français. Puis ce fut au tour des personnalités politiques à prendre la parole. En soirée, le réseau radiophonique fit entendre le gouverneur général, Lord Wellington, le premier ministre Mackenzie King, la comédienne Margaret Anglin, la prima donna Éva Gauthier, le Hart House Quartet, les Bytown, les Troubadours de Charles Marchand et l'orchestre du Château Laurier dirigé par James McIntyre. Le commentateur anglais se nommait Andy Ryan, de la station CNRO-Ottawa, alors que le commentateur français était Jacques Narcisse-Cartier, directeur de la station CKAC, venu de Montréal spécialement pour ces festivités. Le lendemain, les journaux affirmaient: «Jamais dans toute l'histoire du Canada on n'a constaté une telle intensité de sentiment national, un si grand courant de fraternité.» «Ottawa s'est fait entendre jusqu'en Angleterre», écrivait un quotidien du Canada anglais. «Le carillon d'Ottawa fut entendu à travers le pays», titrait un autre journal.

Tout en ayant été le précurseur du réseau de Radio-Canada, celui du CN était exemplaire en ce qui avait trait à sa mission de ren-

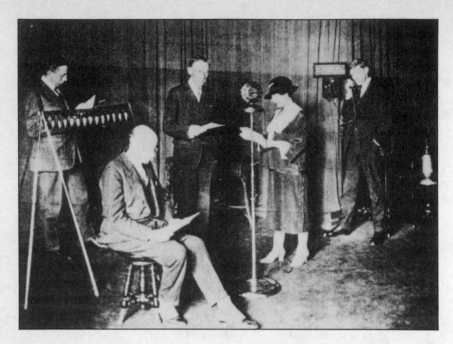

En plus de passer en ondes des pièces comme cette
Superwoman de Madge Macbeth, la station du CN
aura été la première à diffuser un match de hockey.
(Photo A.P.C.)

seigner, divertir et cultiver. la Commission royale d'enquête sur la
radiodiffusion Aird viendra le confirmer plus tard. Le réseau du CN
se préoccupait des grands débats, produisait de grands reportages
(comme ce fut le cas à l'occasion du 60e anniversaire de la Confédération), présentait des artistes de chez nous et, de plus, les faisait
souvent travailler dans les hôtels de la chaîne du Canadien National.

Il importe aussi de souligner l'importance du sport dans la programmation radiophonique. Par exemple, le premier match pour
l'obtention de la coupe Stanley, emblème de la suprématie mondiale
du hockey, fut diffusé le 23 mars 1923. Montréal faisait alors face
aux Sénateurs d'Ottawa dans la capitale centrale. Les commentateurs étaient Gordon W. Olive et Foster Hewit, simultanément sur
les ondes de CNRO-Ottawa et CNRM-Montréal. Hewitt sera la voix
anglaise du hockey pour trois générations de Canadiens. La diffusion du hockey en direct devait devenir une véritable institution
nationale et, en saison, les samedis soir furent irrémédiablement
mobilisés par cette émission, que l'on écoutait le plus souvent en
famille ou en groupe. Un peu plus tard, les Québécois, après Léo
Beaudry, se familiariseront avec Michel Normandin qui, avant la

description de chaque joute, saluait son auditoire par ces mots devenus légendaires: «Bonsoir Canada»...

Mais reportons-nous à l'année 1929. Le Canada bénéficie maintenant, d'un océan à l'autre, d'une programmation un peu plus régulière. Par exemple, le dimanche après-midi, ainsi que quelques soirs de la semaine, on diffuse des émissions dites «nationales». On en fait autant le jeudi soir sur le réseau français.

«On allègue que l'intrusion du Canadien National dans le secteur de la radiodiffusion, sous l'impulsion de Sir Henry Thornton, avait des objectifs d'unité nationale. Mais on doit aussi reconnaître que c'était une façon, comme le disait si bien McLuhan, de donner une extension à une technologie qui existait déjà: la télégraphie. C'était aussi une façon de rentabiliser le chemin de fer. Je veux dire par là que les émissions produites par le réseau du CN avaient pour but d'attirer une certaine clientèle de passagers des wagons dans les hôtels du CN[3].»

Nul doute que le «train-radio» exerçait un attrait considérable sur la clientèle de cette société. Cela fut tellement évident qu'une autre compagnie ferroviaire, le Canadien Pacific, fit des représentations auprès du gouvernement fédéral afin de faire cesser cette concurrence que l'on jugeait déloyale...

Bref, tout le monde voulait monter à bord des «trains-radio» du CN. Par exemple, deux fanatiques de la boxe, en route vers l'est, voulaient absolument entendre la description du combat de championnat du monde toutes catégories entre Jack Demsey et Gene Tunney. Pour ce faire, ils firent un détour par Edmonton pour emprunter un train du CN équipé d'une radio et qui filait vers Toronto. Leurs efforts furent récompensés, mais l'histoire ne dit pas s'ils furent satisfaits de l'issue du combat. On rapporte aussi que plusieurs personnes achetaient des billets de train dans le seul but de se promener en écoutant la diffusion d'événements importants.

Un jour, le premier ministre du Canada, Mackenzie King, donnait un dîner d'État en l'honneur du très honorable J. Ramsey MacDonald, leader du Labor Party en Angleterre. À cette occasion, le Canadien National avait prévu la radiodiffusion nationale des discours. Or, à cause du retard de leur train, un groupe de parlementaires de la Vieille Capitale s'était vu forcé de manquer le banquet. Mais l'opérateur de radio du convoi capta tous les discours, pour le bénéfice et à la grande joie des députés de Québec. Malgré la distance qui les en séparait, ils suivirent tout ce qui se déroulait à Ottawa.

Puisque nous parlons de l'opérateur, il faut souligner l'importance de son rôle dans ces wagons-radio. On lui laissait beaucoup de liberté quant au choix d'émissions qu'il faisait entendre. Il avait une très bonne connaissance des différentes régions du pays et surtout des stations affiliées au réseau du Canadien National. «Par exemple, la veille d'un jour de l'An, l'opérateur d'un 'train-radio' Montréal-Vancouver, respectant minutieusement les fuseaux horaires, annonça la nouvelle année quatre fois cette nuit-là en captant des émissions provenant tour à tour des régions de l'Est, du Centre, de l'Ouest et du Pacifique[4]...»

Toujours en 1929, les «trains-radio» du CN fournissaient à 220 000 passagers un total de 77 600 heures de nouvelles, informations et émissions de musique. Grâce à ce service exceptionnel, la radio du CN attirait une clientèle toujours grandissante et répondait aux aspirations commerciales de Sir Henry Thornton. «De plus, ses circuits radiophoniques étaient parfois loués aux autres postes de radio, ce qui signifiait alors un revenu supplémentaire annuel de 115 000 $[5].»

Devant le succès financier des trains-radio de Sir Thornton, deux concurrents américains décidèrent de l'imiter. Le CN jubile! La clientèle des trains-radio connaît donc une spectaculaire augmentation de 80%. L'euphorie des dirigeants est toutefois atténuée par la grande crise. Le CN n'a pas le choix. Il effectue de sévères réductions budgétaires dans tous ses services. Début des années trente, les trains-radio ne retrouveront plus leur vitalité d'antan.

Comme on a pu le constater depuis le début des années vingt, le Canada n'a pas seulement été à l'heure de l'époque pionnière en matière de radio, mais aussi à l'avant-garde. Ce fut le cas du réseau du CN qui, jusqu'en 1933, va en quelque sorte préparer le lit d'un autre grand réseau: Radio-Canada.

Le 2 novembre 1936, Radio-Canada prend officiellement possession des installations de la Commission de la radiodiffusion canadienne qui avait acquis, en 1933, le réseau radiophonique du Canadien National. Pourquoi Radio-Canada naissait-il? C'était pour doter le pays, bien sûr, d'une radio vraiment nationale, mais aussi pour répondre à un vœu de la Commission Aird qui, en 1929, recommanda la mise sur pied d'un réseau national. Le gouvernement n'agira qu'en 1936 pour plusieurs raisons. Il y avait la crise, l'opposition des postes privés et d'autres groupements, et de plus on ne savait pas si on devait carrément nationaliser toutes les stations de radio ou créer un réseau parallèle à la radio privée comme il en existait déjà en Australie. On calque donc ce nouvel organisme sur la BBC de Londres, à cette différence près que la Canadian Broadcasting Corporation acceptera les réclames publicitaires jusqu'en 1974 et qu'elle laissera grandir à côté d'elle un réseau privé.

La commission Aird recommande au gouvernement
de nationaliser une partie de la radio. C'était en 1929.
(Photo La Presse)

Les choses n'étaient pas gaies en 1936. «Le monde était en proie à une dépression économique. On ne trouvait pas d'emploi et l'argent ne courait pas les rues. On faisait même la queue pour avoir droit à une soupe. C'était la misère noire. C'est alors, qu'après des années d'hésitation, le gouvernement prit la décision de se lancer dans l'aventure de la diffusion.

Aujourd'hui, les nations reconnaissent Radio-Canada comme l'un des grands organismes de radiodiffusion du monde, tant pour la télé que pour la radio[6].

Les journaux du jour sont unanimes à saluer la nouvelle station de Radio-Canada, CBF! *La Presse* titre: «Sécurité mieux assurée pour les postes de radio privés[7].» Le journal de la rue Saint-Jacques ajoute que Radio-Canada entend établir des relations plus étroites entre les postes privés et ceux de l'État, notamment en diffusant la programmation française dans tout le pays.

En manchette, *Le Devoir* écrit: «Radio-Canada est en fonction depuis minuit sonnant[8].» Notons que Radio-Canada n'adopte l'appellation CBF qu'un an plus tard, lorsque la Société décide d'ériger des antennes à Verchères. En 1936, Radio-Canada s'identifie encore par les lettres CRCM, et diffuse sur l'antenne de CFCF. En effet, rappelons que de 1923 à 1932, une station du CN s'identifiait par les lettres CNRM, initiales de Canadian National Railways of Montreal. En 1932, lorsque Ottawa exproprie le réseau du CN, on adopte les lettres CRCM pour: Commission canadienne de la radio-diffusion de Montréal.

Le personnel de Radio-Canada à ses débuts ne compte que 132 employés, tous rapatriés de la Commission canadienne de la radio-diffusion et qui, pour la plupart, avaient travaillé pour le réseau du CN. Le nouveau réseau est également bilingue en 1936; avec l'inau-guration de CBF, un an plus tard, on assiste à la séparation linguistique.

Le 4 novembre 1936, on annonce les principaux objectifs de la Société: on entend permettre à tous les citoyens du pays de capter les émissions du réseau national, et on veut offrir une programmation de la plus grande qualité. Deux grandes études sont entreprises: l'une sur les conditions de réception et l'autre sur les ressources artistiques du Canada, ainsi que sur les émissions étrangères disponibles.

L'enquête sur la portée des émetteurs révèle qu'à peine 49% de la population captent le réseau. On constate aussi la présence d'in-terférences, surtout dans les régions de Toronto, Montréal, Winni-peg, Saskatoon et Edmonton. Pour ce qui est des ressources artisti-ques, l'enquête confirme la grande quantité d'éléments valables, mais on juge qu'il va falloir un programme de perfectionnement.

Même si, au début de son existence, Radio-Canada ne diffuse que six heures par semaine, la Société est déjà l'objet d'attaques de la part de l'Association canadienne des radiodiffuseurs privés qui voit d'un mauvais œil qu'elle soit autorisée à délivrer des permis de diffusion. Les radiodiffuseurs privés se rangent avec l'opposition conservatrice pour reprocher au gouvernement de «donner» à Radio-Canada de dangereux pouvoirs... Ces pouvoirs consistaient à accorder des permis de radiodiffusion à ceux qui en faisaient la demande. Les diffuseurs devaient donc faire leurs rapports à la Société Radio-Canada qui avait mis sous son toit, si vous voulez, l'ex-Commission de la radiodiffusion canadienne, la CCR comme on l'appelait à l'époque. La CCR était en quelque sorte la première régie des ondes au pays. Celle qui a précédé le Bureau des gouver-neurs de Radio-Canada, le Bureau des gouverneurs de la radiodiffu-sion, puis le Conseil de la radio-télécommunication canadienne.

Mais le Bureau des gouverneurs de Radio-Canada fut telle-ment souvent l'objet d'attaques de la part des radios privées qu'il n'osera pas faire grand chose. Étant juge et partie, son rôle sera limité aux questions techniques. Par exemple, c'est en 1937 que Radio-Canada, par le biais de son Bureau des gouverneurs demandera et obtiendra la convocation d'une conférence internationale à La Havane afin de discuter avec les États-Unis et le Mexique du problème que soulevait, à l'époque, l'interférence. On discutera donc pour mettre de l'ordre dans les ondes qui se développaient d'une façon anarchique. Les États-Unis sortiront grands vainqueurs et obligeront certains petits postes canadiens, CHRS entre autres, à adopter plus tard une formule de radio-soleil, pour ne pas gêner les ondes des puissantes stations américaines de Baltimore ou New York d'entrer pleinement au Canada après le coucher du soleil.

Au cours de cette même année 1937, CBF offre sa première série féminine: *Fémina*.

Par ailleurs on notera que, tour à tour, Radio-Canada est, selon les courants idéologiques, la cible des journaux ou des parlementaires. Si sa mission première est de contribuer au maintien de l'unité nationale, quelques-unes de ses émissions soulèveront la colère de plusieurs. Par exemple, la *Free Press* de Winnipeg, disséquant le contenu de l'émission Radio-Collège, s'indigne de la part accordée au «Régime français dans les émissions traitant d'histoire du Canada». Le journal qui entreprend une véritable campagne pour enlever au réseau français de Radio-Canada sa marge d'autonomie, propose une étroite surveillance de cette chaîne. Pour sa part, le *Saturday Night* veut davantage: Il exige «la suppression du réseau français de Radio-Canada, établi pour satisfaire aux caprices du Québec[9]». On l'accusera par la suite d'être habitée par des communistes, alors que, durant la décennie soixante, on lui reprochera d'abriter des séparatistes... Cela s'explique par le fait que Radio-Canada se doit d'être fidèle à un mandat, qui est celui d'exprimer la réalité canadienne. Sous Duplessis, Radio-Canada s'est bâti une réputation fondée sur sa ténacité et son indépendance face à l'obscurantisme du régime. Puis, sous Diefenbaker, un collaborateur de la revue *Cité Libre,* Pierre Elliott Trudeau, encourage Radio-Canada à ne pas céder aux interventions politiques... Sous Pierre Trudeau on parlera, à un moment donné, de mettre la clé dans cette boîte où il y a trop de vases communicants...

En 1941 la convention nord-américaine, le traité de La Havane, suggéré par Radio-Canada, entre en vigueur.

1. BIZIER, H. et LACOURSIÈRE, J., cités dans *L'Aventure de la radio au Québec.*

2. Entrevue avec Yvan Lamonde, professeur d'histoire, Université McGill, 6 avril 1978.

3. LAMONDE, Yvan, cité dans *L'Aventure de la radio au Québec.*

4. Documents du CN, cités dans *L'Aventure de la radio au Québec.*

5. *Ibid.*

6. MÉNARD, Marcel, historien-archiviste à Radio-Canada, cité dans *L'Aventure de la radio au Québec.*

7. *La Presse,* 3 novembre 1936.

8. *Le Devoir,* 3 novembre 1936.

9. Extrait d'un document rédigé par l'historien Jacques Lacoursière sur la censure à la radio durant la Seconde Guerre.

Chapitre 4

Les régies des ondes
se succèdent

Un des premiers gestes que le gouvernement fédéral fit pour régir les ondes se produisit en 1905, alors qu'il adoptait la loi générale en matière de radiodiffusion, c'est-à-dire «l'Acte ayant pour objet le règlement de la télégraphie sans fil au Canada». Puis, il y eut la création de la Commission canadienne de radiodiffusion, la CCR comme on l'appelait en 1932. Craignant de porter atteinte à un système qui permettrait toutes les libertés le gouvernement, après de longues hésitations, soumettait la radiodiffusion à la surveillance du ministre responsable des ondes. Mais sans gros budget, ni pouvoir de surveillance réel, la CCR fut bientôt inefficace.

Quatre ans plus tard, à la suite de la première refonte de la Loi concernant la radiodiffusion, on abolissait la Commission canadienne de la radiodiffusion pour la remplacer par le Bureau des gouverneurs de Radio-Canada. Le rôle de cette régie devait consacrer l'idée d'un réseau national unique où s'imbriqueraient les stations privées et celles du réseau public. Ce système accordait une certaine autorité au Bureau des gouverneurs de Radio-Canada sur le réseau privé, mais les critiques furent tellement violentes de la part de celui-ci que la Société Radio-Canada n'exerça qu'un pouvoir timide dans la mise en application des contraintes. Bref, on l'accusait d'être à la fois juge et partie. C'est ce qui incitera plus tard le Bureau des gouverneurs de la radiodiffusion (BGR) à encourager la concurrence entre les deux réseaux plutôt que la coopération, à l'encontre des recommandations du Rapport Fowler publié en 1957. On doit tout de même au Bureau des gouverneurs de Radio-Canada, en 1937, certaines initiatives en matière de distribution des ondes et surtout l'ordre qu'elle a contribué à installer à la suite de la fameuse conférence de La Havane où on décida de la puissance des stations en termes de watts... C'est grâce, en effet, à l'intervention du Bureau des gouverneurs de Radio-Canada qu'une telle réunion eut lieu à Cuba avec, autour de la table, des représentants du Canada, des États-Unis et du Mexique, entre autres.

C'est à la suite de la déposition du Rapport Fowler que le nouveau gouvernement conservateur eut à examiner les suggestions de cette volumineuse étude. M. Fowler l'avait remise au premier ministre Louis Saint-Laurent, le 15 mars 1957, mais le Parti conservateur, à la tête duquel se trouvait M. John Diefenbaker, devait renverser le gouvernement libéral quelques semaines plus tard. L'année suivante le gouvernement conservateur annonça son intention de créer une véritable régie des ondes connue sous le nom de Bureau des gouverneurs de la radiodiffusion. L'opposition libérale, dirigée par le nouveau chef, Lester B. Pearson, manifesta son appréhension sur les modifications qu'on voulait apporter à la loi de la radiodiffusion, accusant même les conservateurs de céder aux pressions des radiodiffuseurs privés. «Nous voulons être assurés — et je cite le rapport Fowler — de dire M. Pearson, que les émissions répondent aux besoins des Canadiens et soient adaptées aux conditions régnant au Canada, et que l'intérêt public l'emporte sur l'intérêt privé. En deuxième lieu, la Société Radio-Canada doit continuer à jouer un rôle dominant dans notre régime national de radio-télévision[1].» Le chef de l'opposition fut immédiatement appuyé par le CCF (l'ancêtre du NPD) qui voulait, pour sa part, que le système privé soit mis au pas...

Du côté gouvernemental on était divisé en deux clans. L'un voulait l'élimination de Radio-Canada et désirait voir le système privé prendre de l'ampleur, tandis que l'autre souhaitait maintenir et améliorer le réseau public. Les députés Van Horne et Pigeon quant à eux, accusaient Radio-Canada d'être noyautée par des gauchistes (nous sommes en 1958) et recommandèrent même la vente de la Société Radio-Canada à l'entreprise privée afin d'en faire un réseau comparable à ceux de CBS ou NBC aux États-Unis...

Donc, de 1936 à 1958, on note une montée spectaculaire des stations privées au pays. C'est en suivant l'exemple de la radio américaine que, de tolérées qu'elles étaient durant les années trente, nos stations privées de radio en arriveront à exiger et à obtenir du Bureau des gouverneurs de Radio-Canada une autonomie plus large. Ainsi, en 1936, la Société Radio-Canada détenait 75% de la force émettrice du pays; en 1956, les chiffres sont renversés au profit de l'entreprise privée qui contrôle alors 70% de la force totale. Il en sera de même pour la télévision où l'on note, en 1957, que 34 des 44 postes en ondes appartiennent à des intérêts privés. À la fin de 1958, les conservateurs finissent par adopter une loi qui satisfera les radiodiffuseurs privés qui reprochaient à Radio-Canada d'être à la fois juge et partie, et qui désiraient avoir leur propre organisme de contrôle indépendant de la Société de la Couronne. Diefenbaker reconnaissait donc officiellement pour la première fois l'existence des stations privées et il créa le Bureau des gouverneurs de la radiodiffusion, le BGR comme nous l'appellerons pendant les dix années suivantes.

«De 1958 à 1968, cet organisme multiplia les concessions aux amis du réseau privé. À un moment donné, les membres de l'entreprise privée voulurent acheter des stations faisant partie du réseau de Radio-Canada. Selon eux, Radio-Canada aurait ainsi été confinée à la réalisation de produits uniquement canadiens. Bref, on lui aurait permis de produire des émissions, ce qui constitue la partie la plus onéreuse, pendant que les stations privées se seraient éloignées de leur mission sociale[2].»

Malheureusement, le rôle du BGR ne sera pas celui qu'avait souhaité le rapport Fowler en ce sens que la régie des ondes n'a jamais eu la main haute sur la radiodiffusion. Le Bureau des gouverneurs de la radiodiffusion sera plutôt un organisme qui se limitera à écouter les doléances des postulants de permis et s'intéressera surtout aux aspects de la technique. M. André Charbonneau dira: «Au fond, le BGR n'est que l'antichambre du ministère des Transports à qui est confié le rôle de faire accepter des demandes de permis par le gouverneur en conseil. En somme, pour Radio-Canada le nouveau BGR est un organisme qui double certaines fonctions de la Société dans l'administration de ses responsabilités secondaires[3].»

Toutefois, la nouvelle régie des ondes ne restera pas les bras croisés. En effet, le BGR décréta, comme mesure de protection contre l'acculturation américaine, qu'à partir du 1 er avril 1961 toutes les stations de télévision devront inclure dans leur programmation 45% de matériel canadien. En avril de l'année suivante, ce minimum passera à 55%. Même si cette mesure ne concernait pas la radio, qui poursuivait sa politique de diffusion de palmarès de chansons américaines, les diffuseurs privés trouvèrent le moyen de contourner le règlement du BGR. On télédiffusait aux heures de faible écoute les émissions canadiennes et on réservait les émissions «made in USA» pour les heures les plus rentables. Les émissions canadiennes ainsi présentées étaient réalisées au coût le plus bas possible. Des amendes dérisoires de 25 $ étaient imposées aux récalcitrants...

En 1963, avec l'arrivée des libéraux au pouvoir, on assiste à une restriction des empiétements des stations privées et à un raffermissement de la position de Radio-Canada. En mai 1964, le gouvernement libéral de Lester Pearson crée le Comité Fowler de la radiodiffusion, dont fera partie Marc Lalonde qui deviendra ministre dans le gouvernement Trudeau. Le Comité Fowler recommandera de créer un organisme réglementaire autonome et responsable de l'élaboration de la politique nationale en matière de radio-diffusion, de lui octroyer le pouvoir de faire des règlements, de superviser et de régir la société Radio-Canada ainsi que l'entreprise privée.

Les divergences de vues demeureront jusqu'à ce qu'une nouvelle loi sur la radiodiffusion réorganise tout le système canadien au début de 1968.

Le BGR disparaîtra au cours de cette même année pour céder sa place au CRTC, c'est-à-dire le Conseil de la radio-télévision canadienne, qui détient de plus grands pouvoirs que son prédécesseur. Toutefois, la nouvelle régie dispose d'un budget de départ de 1,7 millions de dollars pour la première année d'opération. Le conseil est alors composé de 15 membres, dont 5 à temps plein, qui forment le comité de direction et 10 à mi-temps. Le comité de direction a un mandat de sept ans. Il est composé de cinq membres: le président, le vice-président, et trois autres membres. Quant aux membres à mi-temps, ils viennent des diverses régions du pays. Ils ont un rôle important à assumer dans l'élaboration des politiques du CRTC. Le Conseil ne peut, sans les avoir consultés, distribuer, renouveler, modifier ou suspendre les licences d'un radio-diffuseur. Le Conseil peut, de par ses pouvoirs, annuler toute licence attribuée à la Société Radio-Canada.

À l'intérieur de cet organisme, on retrouve une direction du contentieux qui s'occupe d'interpréter les lois. Il y a aussi une direction générale de la programmation, une autre de la recherche, une du personnel et enfin une direction des services techniques, financiers et administratifs. Le CRTC compte au total plusieurs centaines de personnes, incluant le personnel à mi-temps.

En se mettant à la tâche, le 1er avril 1968, le CRTC visera essentiellement à étudier le problème de l'influence des États-Unis sur notre système de diffusion populaire, à déceler le contrôle financier américain et étranger sur les organes d'information du Canada, et il veillera à la mise en application de la réglementation concernant la Loi sur le contenu canadien, sondera les possibilités offertes par les satellites et les communications spatiales et, finalement, envisagera l'utilisation du câble, si chère au gouvernement du Québec et à celui d'Ottawa. Bref, le CRTC a toute une tâche à accomplir!

Plus quotidiennement, il verra à réglementer le registre des programmes, les demandes de permis, la publicité à l'intérieur des bulletins de nouvelles, la publicité concernant les aliments, drogues et boissons, le temps alloué aux commerciaux, les campagnes électorales et l'audition des différentes programmations des stations pour voir si, oui ou non, elles respectent bien leur mandat. La régie des ondes interdira à une station d'exploiter toutes choses contraires à la loi, tous propos offensants contre toute race ou religion, toute nouvelle fausse ou trompeuse et, entre autres, toute émission comportant une loterie. Elle exigera un respect des promesses de diffusion par les postulants de permis et surveillera les contenus canadiens des programmations.

Malgré cet important calendrier de travail, le CRTC n'est pas sans reproche. On juge que cette régie se limite trop au pouvoir d'avertissement face à certains diffuseurs qui se foutent éperdument des règles. D'autres vont lui reprocher de ne jamais servir de sanctions exemplaires pour que ne se répètent plus ces entorses aux règlements. Par exemple, on remarquera qu'entre la période de demande de permis, qui est toujours associée à une promesse de réalisation, et le renouvellement de la licence, il y a souvent un grand écart. Là encore le CRTC se faisait trop condescendant.

Les problèmes économiques d'une station pouvaient toujours contribuer à ramollir la fermeté des gens de la régie des ondes. En 1976, à l'occasion d'une révision de la Loi sur la radiodiffusion, le Parlement accroît de cinq à neuf le nombre de membres à temps plein du CRTC. Cette augmentation est causée par le transfert de la juridiction sur les télécommunications (Bell Canada, CN/CP, etc.) qui jusqu'à ce moment étaient régies par la Commission canadienne des transports. Le CRTC devient alors le Conseil de la radiodiffusion et des télécommunications canadiennes: le CRTC.

Mais si la régie des ondes est accusée de mollesse, tel ne fut pas le cas lorsque, en mars 1984, le CRTC provoqua la consternation! Ceux qui l'accusaient de constamment avertir et de ne jamais agir en ont eu plein les yeux et les oreilles. Il a retiré son permis à l'une des stations les plus écoutées de la ville de Québec. CJMF-FM, avec ses 280 000 auditeurs, a été trouvée coupable de ne pas avoir respecté sa promesse de réalisation, changeant son format musical de musique légère (Middle of the Road) pour de la musique rock et de la «dance music». En agissant de la sorte, CJMF-FM entrait directement en compétition avec CFLS-AM à Lévis, une autre station populaire de la région. André Chouinard, l'animateur du matin à CJMF-FM, devait confier que les employés ne pensaient jamais que le CRTC agirait de façon aussi brutale, et sans appel. Au même titre, Jean-Pierre Coallier de CIEL-FM à Longueuil, lève la main et s'offre pour convertir CJMF-FM en poste de musique classique; l'idée est excellente, mais on ne la retient pas. En août 1984, le CRTC nous annonçait qu'il remettait sa licence au diffuseur CJMF-FM. Il ne faudra donc plus s'imaginer que cet organisme n'a que des pouvoirs d'avertissements! Le CRTC s'en tient à son rôle de promoteur des réalités culturelles, politiques et économiques du pays tout en commençant, enfin, à servir des sanctions exemplaires. Il reste à savoir maintenant si cette régie des ondes va finir par définir un niveau de qualité pour l'information. On veut bien croire que ses émissions de premier plan exigent plus, mais l'information demeure encore le parent pauvre notamment sur la bande FM. Bien sûr, le premier plan, ce qu'on appelle la radio auditive, a entraîné l'embauche de recherchistes, scripteurs et autres spécialistes pour remplir ce mandat, mais ça ne suffit pas. Quant à la formule phonographe (il s'agit de la radio qui vous accompagne avec simplement un son musical) c'est, en un mot, celle du divertissement. Celle qui coûte le moins cher à produire.

À part le cas exemplaire de CJMF-FM, le CRTC a également su faire respecter la règle des contenus canadiens malgré le fait que quelques stations se soient «amusées» à enfreindre le règlement. CKOI-FM, par exemple, fut obligé d'investir 50 000 $ dans sa programmation pour s'aligner. CKOI a dû s'ajuster aux contenus francophones avant d'obtenir l'autorisation de réduire à 55% sa diffusion de musique vocale française. Alors que pour les autres stations le contenu doit atteindre 65%.

Promouvoir le contenu québécois tout en conservant la première place n'est pas une mince tâche. Tous savent que ces radios FM, hautement américanisées, préféreraient s'en tenir aux libertinages. On a beau aimer Pierre Bertrand, lorsqu'on entend des groupes tels que Duran Duran ou The Police on n'a pas envie après de jouer au patriote et chanter québécois.

Dans un autre ordre d'idées, il convient d'accorder au CRTC l'immense mérite d'un travail de récupération en ce qui a trait à la propriété étrangère. Au moins, cet aspect de la réglementation n'est pas resté lettre morte. Au contraire, le CRTC peut crier: Mission accomplie!

Mais durant la décennie soixante-dix, le CRTC est l'objet de pressions! Les diffuseurs privés crient à l'ingérence et, d'un autre côté, voudraient voir Radio-Canada se faire serrer la vis. L'Association canadienne des radiodiffuseurs qui regroupe la majorité des stations privées continue de s'en prendre régulièrement à la concurrence «déloyale» de Radio-Canada et demande que la Société soit limitée à son mandat national et qu'elle laisse à la radio privée le soin d'offrir aux auditoires le service local. Et pendant ce temps, politiciens et autres adversaires hurlent que Radio-Canada nous coûte trop cher! Comme on le constate, lorsqu'il s'agit de s'affirmer en tant que Canadien on se renvoie la balle pour ne pas agir, de peur d'aller à l'encontre des intérêts financiers des diffuseurs... Mais avec le temps on comprendra que la vocation de Radio-Canada finira bien par être redéfinie, puisque le Rapport Applebaum-Hébert viendra dire que la Société Radio-Canada coûte trop cher pour ce qu'elle rapporte et devrait aussi remettre entre les mains de l'entreprise privée plusieurs de ses productions. À 723 millions de dollars par année (1983) que coûte la CBC aux contribuables, et surtout le faible intérêt qu'elle suscite dans la grande population branchée aux antennes américaines, de telles propositions seront bien accueillies.

Une autre des préoccupations du CRTC sera la réglementation du câble et la création d'un système canadien de télécommunications par satellites. En ce qui concerne le câble, le Conseil désire canadianiser son contenu, ce qui n'est pas facile puisque le choix repose sur le téléspectateur qui, semble-t-il, est plutôt friand de médias débilitants ou bon enfant.

En ce qui a trait à l'identité nationale, le CRTC est obligé de se creuser les méninges puisque, sans l'apport de la culture québécoise, celle du Canada est en passe de devenir un sous-produit américain. La langue étant commune, la menace progresse au rythme de la popularité américaine; il faut donc, pour le CRTC, continuellement veiller à limiter le contenu «US» des émissions de radio et de télé.

Du côté québécois, Robert Rivard, alors président de l'Union des artistes, avait fait remarquer en 1973 que, malgré les apparences de la canadianisation, le réseau français de Radio-Canada n'échappait pas à la règle, puisque la Société avait la prétention de diffuser un contenu canadien en postant des speakers de chez nous aux différents stades américains de football... Dix ans plus tard, cette politique se poursuit toujours!

Mais soyons honnêtes; reconnaissons que cette régie des ondes a bel et bien œuvré en faveur d'une plus grande canadianisation, tant au chapitre culturel qu'à celui de propriété. Le CRTC exige, depuis novembre 1973, une plus grande diffusion de contenu canadien, que ce soit pour les disques ou les émissions de toutes sortes. Dans une lettre au président de l'Association canadienne de radio et de télévision de langue française, Pierre Juneau, alors président du CRTC, exposait la politique de son organisme en disant que «le Conseil considère que, durant les heures importantes d'écoute, soit de 6 h à 18 h, du lundi au vendredi, les radiodiffuseurs de langue française devraient s'assurer qu'au moins 75% des pièces musicales inscrites à leur programmation de la bande AM soient de langue française[4]». Sur l'ensemble de leur programmation, cette proportion devrait être, par contre, d'au moins 65%.

Le CRTC ne lésine pas! À l'automne de 1974, CKVL-FM se voit forcer de remédier à une «mauvaise habitude». Celle de ne pas respecter les règles du contenu français. Les normes du contenu musical français sont reliées au renouvellement du permis du poste, rappelons-le.

Enfin, on sait que le CRTC est préoccupé par le rétablissement d'un équilibre linguisitique sur les ondes montréalaises et que les demandes de permis anglais sont maintenant bloquées. En guise de conclusion on demande au CRTC qu'il redouble ses efforts pour se rapprocher de la diffusion comme telle, tout en prenant ses distances vis-à-vis des radiodiffuseurs privés. Trop souvent les propriétaires de stations privées se donnent bonne conscience en arguant que Radio-Canada est là pour offrir qualité et culture.

La constitution du dossier de la troisième chaîne à Montréal, en 1974, nous porte à soutenir cette recommandation. Ce n'est qu'à la suite d'un tollé de protestations que le CRTC décida, finalement, de ne pas acquiescer à la demande de Télémutuelle Ltée qui désirait acquérir le permis de Frank Delaney et fonder la troisième station de télévision française à Montréal. On s'en souviendra, le titulaire de ce dernier permis, M. Delaney, devait, après approbation par le CRTC, créer cette nouvelle station, mais des difficultés financières l'en ont empêché. Télémutuelle (CJMS), proposait une aide à Delaney en échange de son permis. La décision du CRTC a réjoui les groupes populaires, les associations de consommateurs, les syndicats et la Fédération professionnelle des journalistes du Québec qui, en bloc, s'accordaient à dire que le Québec n'avait pas besoin de ce genre de télé-consommation. C'était en 1974!

L'année 1973 souligne également le moment où notre régie des ondes s'intéresse à la bande FM. Le CRTC porte depuis ces dix dernières années un intérêt spécial à la radio de la bande FM, à cause de sa faiblesse auprès du grand public (c'était le cas il y a dix ans) et de la qualité sonore qu'elle possède. En un mot on voulait, à ce moment-là, lui trouver une vocation un peu plus régionale. Le CRTC avait donc consulté, au cours de l'année précédente, des spécialistes des communications afin de prendre le pouls des artisans de la radio... Un rapport a été très clair à ce sujet: «Les radiodiffuseurs de la bande FM devront prendre l'initiative de rechercher dans leur milieu les personnes possédant diverses capacités d'expression et leur offrir des occasions régulières de contribuer à la programmation de leur station. Les émissions FM devraient être plus libres que les émissions AM quant à la durée, la répartition des éléments et la programmation. La radio FM, disait-on, est le média idéal pour expérimenter et créer de nouvelles formes d'émissions, maintenant que les techniques d'enregistrement et de montage sont devenues beaucoup plus simples que par le passé», nous avait confié M. Paul-Émile Lamy, directeur régional du CRTC à Montréal.

On peut se demander si ces constatations n'ont pas incité le CRTC à apporter une attention particulière à l'utilisation de la bande FM par les groupes communautaires. D'après le Conseil, ceux-ci seraient plus aptes à constituer des laboratoires sonores susceptibles d'injecter un sang nouveau dans les médias existants. C'est probablement à ce titre que certains permis ont été accordés à des groupes communautaires ces dernières années: Radio-Campus-Laval, en 1972, Vancouver Radio Coopérative en 1973, Radio-Centre-Ville à Montréal, en 1974, CHUT-FM à Chicoutimi au cours de la même année, et Radio-CIBL quelques années plus tard dans l'est de Montréal.

Toutes ces expériences ont été assez concluantes, mais il y a quand même lieu de se demander si au fond la régie des ondes n'a pas accordé des permis dans le but d'amadouer, avant tout, les groupes contestataires? Tous savent que le rayonnement de ces postes est absolument insignifiant par rapport à la grande radio de consommation. Bref, n'aurait-il pas mieux valu exiger un peu plus des grandes radios? Toutefois, il faut considérer ces radios communautaires au même titre qu'un journal de quartier qui se fait un devoir de se mettre à l'écoute des gens de son milieu.

Par ailleurs, malgré les mises en garde répétées, le CRTC n'a toujours pas abordé la délicate question de l'équilibre linguistique en matière de diffusion surtout au Québec et particulièrement à Montréal où la proportion anglais-français cause des distortions.

Pourtant en 1971, dans une étude commandée par le bureau d'Ottawa du CRTC, cet organisme avait fait appel à des experts en communication, afin de redéfinir la politique de diffusion sur la bande FM dans la région métropolitaine.

Le dossier à l'usage des autorités seulement, connu sous le nom de Rapport Vinet, suggérait de bloquer les demandes de permis anglais afin de changer la situation devenue inacceptable dans une ville à majorité française et où le français était relégué à un rôle de second plan. En 1974, le CRTC fait un appel de demandes et en 1975 il étudie des requêtes proposant l'implantation sur la rive sud de Montréal d'une station FM semblable à celle de Jean-Pierre Coallier à Laval, ce qui fut fait avec l'arrivée de CIEL-FM. On espérait ainsi répéter le succès de CFGL à Laval. Cependant, l'apparition de CIEL, CITÉ et CIME-FM est venue en quelque sorte diluer l'auditoire francophone. Certains répliqueront que CIME-FM n'est pas une station montréalaise, mais plutôt de Sainte-Adèle. C'est oublier que CIME-FM pénètre à Montréal grâce à sa double antenne dont l'une est située dans la région métropolitaine. Cette espèce de «statut spécial» soulève d'ailleurs l'ire des concurrents de CIME-FM qui voient là une façon de pénétrer le marché le plus occupé... Mais sans cette particularité il serait difficile d'imaginer des jours plus radieux pour la vaillante petite station des Basses-Laurentides.

Toujours est-il qu'avec autant de stations radiophoniques (23 en incluant CHRS) et CIME-FM qui activent le marché métropolitain, le grand Montréal et ses 3 millions d'habitants se trouve à avoir plus de choix que le grand New York avec son bassin de 13 millions de personnes. Dans la métropole américaine, en effet, on retrouve sur les bandes AM et FM 42 postes pour un bassin démographique cinq fois plus grand que celui de Montréal.

La proposition la plus audacieuse du Rapport Vinet, qui n'a malheureusement pas eu de suite, c'est celle qui s'articulait ainsi: «(...) que lors de la vente du consortium Marconi, la station FM attachée à cette entreprise fasse l'objet d'une clause spéciale précisant que le prochain acquéreur soit un groupe francophone.»

Multiple Access a acheté de Marconi toute l'entreprise de diffusion sans en changer une quelconque particularité. Toutefois, comme nous le mentionnions déjà, et à la surprise générale, Jean Pouliot, de Québec, devait acquérir, en décembre 1978, l'empire Marconi moyennant une somme de 26 millions de dollars. C'est payer bien cher un prix de consolation... d'autant plus que la station CFQR-FM (CFCF) ne deviendra pas française pour autant.

Il est indéniable que l'action du CRTC demeure louable. Il a grandement canadianisé la radio-télédiffusion en ce qui concerne l'aspect culturel et surtout économique. Son travail est pondéré, soucieux qu'il est de ne plus permettre aux groupes anglophones d'acquérir les permis de diffusion dans la deuxième ville française du monde; mais il perd de vue que la minorité détient encore un trop grand nombre de permis par rapport à sa représentativité démographique. S'il est vrai que 100 000 d'entre eux ont plié bagage depuis 1976, une révision de la répartition des stations s'impose. Non seulement s'impose-t-elle pour cette raison, mais surtout par le fait que, malgré les directives du CRTC en matière de diffusion de disques français et québécois, nos radios francophones (CKOI et CKMF) sont devenus de véritables satellites de la culture américaine en nos propres murs. Le succès de ces deux postes démontre toute la difficulté de notre système de radiodiffusion à demeurer nettement canadien ou québécois. D'ailleurs, on remarquera aussi, depuis 1983, que le glas de certaines radios AM a peut-être sonné surtout quand on constate qu'après CKAC-AM, CJMS-AM vient se classer au deuxième rang des radios AM, mais au cinquième derrière trois FM (CKOI, CKMF et CHOM)... Or il se trouve que ces trois stations sont des postes dont la programmation est loin d'encourager l'identification locale et l'émergence d'une culture près de chez nous. Il est vrai que les États-Unis sont assez près de chez nous merci...

Il convient également de s'interroger sur l'efficacité de la loi de la radiodiffusion qui prévoit des programmations variées et de haute qualité. Pourtout on remarque qu'à Montréal plusieurs stations offrent un produit quasi semblable (CKOI, CKMF, CKGM et CHOM, entre autres exemples), les identifications de stations mises à part. Comment, de plus, le CRTC pourrait-il s'assurer que les différents points de vue du public soient exprimés sur les ondes?

On voit déjà la cause type: le CRTC — un organisme fédéral — reprochant à une station de radio de ne pas avoir laissé suffisamment de place aux points de vue des indépendantistes dans sa programmation... La loi prévoit une programmation de haute qualité. Le CRTC n'est pas intervenu, à ce que nous sachions, pour empêcher des émissions insipides. On remarquera finalement que la loi ne dit pas beaucoup de choses sur l'information. On est bien heureux de signaler les efforts de CKAC ou de toute autre station AM, mais admettons qu'un radiodiffuseur est, à toutes fins utiles, libre de faire ce qu'il désire concernant l'information.

Une seule restriction, le diffuseur doit respecter les engagements pris lors de l'obtention de son permis. En se présentant devant la régie des ondes, il doit déposer son projet de programmation. Mais, hélas, ces projets demeurent souvent très vagues et nous verrons rarement le CRTC reprocher à un diffuseur (sauf à CJMF-FM) des manquements à cet égard. Par exemple, un radiodiffuseur a déjà obtenu un permis de diffusion en présentant un projet de programmation contenant une bonne proportion de musique classique. Aucun reproche ne lui fut fait lors d'une nouvelle comparution, même si ce diffuseur n'avait aucunement respecté son engagement. La station était devenue entre-temps un «Top Forty» et n'avait jamais diffusé de musique classique.

On veut bien souhaiter que la régie des ondes multiplie ses interventions, mais on aura remarqué que les interventions se limitent plus souvent qu'autrement aux questions insidieuses lors des auditions publiques. Même les hautes autorités laisseront tomber des remarques parfois acerbes en accordant des permis de radiodiffusion. On remarque que les pressions en vue de précipiter un changement viennent souvent de l'extérieur, ce qui est relativement nouveau depuis ces six ou huit dernières années. Des groupes de citoyens ne se gênent plus pour déposer des plaintes contre les médias lors des comparutions publiques et il en est mieux ainsi pour la santé et la qualité de nos médias électroniques. Ces témoignages sont parfois sollicités par les dirigeants du CRTC qui réalisent l'étroitesse de l'action que leur permet la loi. D'ailleurs, on aura remarqué que les choses ont quelque peu pris une autre tournure, et l'un des premiers signes de cette transformation est le permis de radiodiffusion accordé à des coopératives de citoyens. Mais comme nous le mentionnions déjà, il faut se demander si cette largesse d'esprit du CRTC n'est pas, au fond, une façon d'amadouer la contestation en permettant la mise sur pied de médias dont l'influence ne sera pas plus grande que de parler dans un tuyau de poêle...

Un satellite au-dessus du Québec

Pour conclure, il faudrait rappeler que le satellite a occupé une place majeure dans les préoccupations des gens du CRTC. Et pour cause! Le Québec y était tout aussi intéressé.

Pour plusieurs, le satellite artificiel est un «machin» compliqué, d'un prix excessif, bourré d'instruments aux noms barbares, qui tourne autour de la Terre en émettant des signaux radio tout en prenant des photographies de la planète. C'est un peu tout cela, mais le terme lui-même a une défénition plus large, plus générale: il désigne tout objet fabriqué par l'homme et placé artificiellement par lui dans l'espace; la forme et la fonction importent peu. Ça peut tout aussi bien être un autobus, un ballon de football ou un paquet de cigarettes.

Quoi qu'il en soit, ce satellite est repéré, suivi et numéroté par l'Agence internationale de l'espace.

Même s'il en coûte des millions pour construire un satellite, le coût de fabrication est vite éliminé. Par exemple, une ligne privée terrestre — de New York à Los Angeles — coûte plus de 2500 $ par mois. Pour donner le même travail et le même rendement, un satellite réduira le coût d'opération à 1500 $. En deux mots les tarifs tombent de 25% à 50%, ce qui représente une très forte économie de transmission pour toutes les entreprises engagées dans un programme de communication par satellite. Un État comme le Québec, qui se targue d'être à la fine pointe de la communication, se devait donc de porter un intérêt à ce mode de communication. Sous Daniel Johnson, peu s'en fallut pour que nous ne mettions la main sur les intérêts de Marconi de Londres, à Montréal. Des pourparlers avaient été engagés pour que le Québec se dote d'un véritable réseau de communications moderne.

À l'époque, Marconi, rappelons-le, possédait la station CFCF-TV, de Montréal, qui aurait pu, comme le prévoyait le plan, nous servir de base opérationnelle; avec Radio-Québec, c'était le début d'une infrastructure solide, nécessaire et déjà en place. Pourquoi le Québec s'intéressait-il à ce mode de communication? Parce que le satellite est devenu la communication rendue facile. Elle a aboli les frontières, elle est devenue une espèce de reporter infatigable qui voyage autour du globe, capable de nous offrir des informations sur toutes les situations. Nous devions donc nous mettre à l'heure de cet instrument car, pour le gouvernement Johnson, le Québec constituait la deuxième plus importante communauté francophone au monde. Et là-dessus, Johnson et de Gaulle partageaient les mêmes points de vues. Non seulement nous nous intégrions au bloc de la francophonie, mais le premier ministre du temps envisageait qu'un Québec, aussi bien outillé, devienne une sorte de meneur, un chef de file dans la «communication sans frontière». Avec l'aide de la RCA-Victor qui s'offrait à construire le satellite, nous aurions pu nous brancher à volonté sur la Suisse, le Luxembourg, Monaco, la Belgique et, bien sûr, la France. Aujourd'hui nous devons nous contenter d'émissions préenregistrées présentées par TVFQ 99. Le Québec, point géographique isolé dans le monde nord-américain, avait intérêt à se rapprocher — par satellite — de tout ce qui parle français.

Lors d'un voyage en France, en mai 1967, le premier ministre Johnson annonce que des pourparlers se poursuivent avec Paris et qu'il a l'assurance que le Québec sera desservi par «Symphonie», le satellite franco-allemand.

Mais le 26 juin de la même année, des modifications sont apportées au projet. Que se passe-t-il? Il n'est plus tellement certain que le Québec soit dans le coup. Des observateurs politiques soupçonnent alors Ottawa d'avoir agi (pressions diplomatiques) discrètement auprès du gouvernement de Bonn. On s'inquiète, on s'informe. L'Allemagne veut changer la couverture du satellite, la réservant à l'Europe et l'Afrique; de ce fait, le Québec ne sera pas desservi. Bizarre!

M. Johnson insiste, peu importe le régime politique canadien, le Québec doit obtenir un élargissement de son autonomie et la jouissance d'une certaine reconnaissance internationale car il ne peut se soustraire plus longtemps à son rôle dans le monde, ni s'abstenir davantage. Cela est tellement crucial que depuis des décennies, les Québécois, à l'ombre de la muraille anglo-saxonne, en sont venus à s'imaginer que le monde est anglais. Johnson veut donc respirer de l'air français et ne veut pas d'une coupole anglaise sur la tête du Québec... «Cela est trop dangereux pour l'avenir culturel.»

Le premier ministre québécois préparera donc un autre voyage en Europe. Il refuse de laisser échapper une si belle occasion. Il a appris, d'autre part, que les gens d'Ottawa ont fait agir des mécanismes d'intimidation, et il veut corriger la situation. Rien n'est perdu, si on prend Ottawa de vitesse... En novembre 1967, après les remous provoqués par le «Vive le Québec libre» du général de Gaulle, des représentants du Laboratoire central de télécommunications de Paris rencontraient, à Québec, MM. Jacques Gauthier et Claude Morin, respectivement vice-président de Radio-Québec et sous-ministre des Affaires intergouvernementales, pour discuter «d'un projet d'avenir».

Cette société, affiliée au puissant groupe ITT, soumet un plan de construction d'un satellite. Surprise! C'est Québec qui hésite. Il faut d'abord établir la rentabilité d'un tel projet. Et cette rencontre ne devait pas demeurer secrète. Ottawa en a vent. En avril 1968, une délégation fédérale se rend dans la Vieille Capitale, avec un mandat précis: savoir ce que Québec a l'intention de faire dans le domaine des télécommunications. Les fédéraux ne voulaient pas que Québec devienne un concurrent de l'éventuel système de télécommunications canadiennes. Ce champ est de juridiction fédérale! C'est clair et net.

En mai 1968, alors que la France est secouée par des événements sociaux, l'Angleterre annonce qu'elle se retire du projet ELDO (European launchers developments organization), qui devait justement mettre au point la fusée porteuse du satellite franco-allemand, Symphonie.

Le retrait de l'Angleterre oblige les deux partenaires restants, la France et l'Allemagne fédérale, à prendre en main les opérations. Daniel Johnson aimerait bien se rendre dans les «vieux pays», mais sa santé précaire l'obligera à remettre, encore une fois, son voyage. On connaît la suite.

Symphonie devait être lancé en 1972. Là encore, il s'est produit quelque chose d'irrégulier: l'engin ne «décolle» tout simplement pas. Pourquoi? On manque de «fric»!

Dans un document qu'il m'avait permis de consulter, feu Jean-Guy Cardinal, alors ministre de l'Éducation et vice-premier ministre, s'était vu remettre par Daniel Johnson la responsabilité de ce dossier afin de le mener à bon port. Mais d'après Cardinal, Eric Kierans, alors ministre des Communications au fédéral, aurait joué un important rôle dans l'échec de Symphonie et de tous les projets québécois en matière de satellite. Ce sabotate d'un rêve qui visait une affirmation québécoise mit fin à des vélléités qui remontaient au 24 novembre 1965 alors que Jean Lesage se trouvait au pouvoir. Le satellite québécois prit donc le chemin du panier au lieu de celui de l'espace[5].

Et pourtant, si tout s'était bien passé, M. Johnson entrevoyait que des techniciens québécois iraient à l'étranger pour se familiariser avec le secteur des télécommunications spatiales. RCA-Victor se disait prêt à collaborer; plusieurs douzaines des nôtres auraient été intégrés aux équipes françaises travaillant sur le projet Symphonie.

Un rapport confidentiel de la «Space Research Institute Inc.», en date du 28 février 1969, et signé par un dénommé G.V. Bull, démontre noir sur blanc les agissements de M. Eric Kierans. Dès ce moment, Ottawa — qui avait le gros bout du baton — pria Québec de se joindre à son programme, sur une base de coopération fédérale-provinciale.

La fenêtre que voulait ouvrir bien large M. Johnson, pour percer la calotte américaine, se referma brutalement...

Aujourd'hui, la difficulté majeure du CRTC, à l'heure où les radios de la bande FM s'américanisent à outrance, est de stopper l'invasion des ondes par le disque US. Ajoutons à cela son impuissance à endiguer l'envahissement des ondes par les signaux de satellites placés en orbite par le «Canadarum» de la navette spaciale.

---

1. *Hansard* d'Ottawa, 1958, cité dans *L'Aventure de la radio au Québec,* Éditions La Presse, septembre 1979.

2. *Ibid.,* Marcel Ménard, historien-archiviste à Radio-Canada.

3. CHARBONNEAU, André, cité dans *L'Aventure de la radio au Québec*.

4. Document du CRTC, Rapport Vinet.

5. Document fourni par feu Jean-Guy Cardinal. Voir aussi la *Télévision du mépris,* Éditions Point de Mire, 1975. Et *Mémorial du Québec*, Éditions Société du Mémorial du Québec, 1980, tome VII, p. 302.

Chapitre 5

L'affrontement Ottawa-Québec

Au Canada, le battage publicitaire fait autour des inventions de Marconi, notamment la TSF, obligea le gouvernement à ouvrir l'œil et à mettre en œuvre des règlements qui devaient plus tard servir de base à notre politique actuelle. C'est ainsi que, dès 1905, Ottawa adopte une loi en matière de télégraphie sans fil. Le texte de loi dit que le ministère de la Marine et des Pêcheries est seul habilité à émettre des permis de TSF, selon certaines règles. Par ce geste, le Parlement consacre le principe d'après lequel Ottawa est l'unique responsable de l'usage et du partage des ondes et seul apte à légiférer sur le développement ultérieur de ce média. Bref, on fait déjà preuve de clairvoyance! Dès cette époque, l'État fédéral estime qu'il est le seul à pouvoir assumer un service dont dépend, selon lui, l'unité du pays.

Le 6 juin 1913, Ottawa revient à la charge en adoptant la Loi concernant la radiotélégraphie. Cette législation, si l'on se fie uniquement à son titre, semble s'adresser seulement aux radiotélégraphes, mais en réalité elle régit tout ce qui doit suivre en fait d'inventions dans ce secteur de la diffusion. Encore là, Ottawa fait preuve d'habileté en s'emparant, avant même que les provinces ne lèvent la main pour amorcer le débat, de cette responsabilité non prévue des Pères de la Confédération. Puis, avec l'apparition de la radio, le débat a commencé: qui sera responsable de la radiodiffusion? L'État doit-il avoir la propriété exclusive des installations de radiodiffusion et le monopole de leur exploitation?

Dès son jeune âge, la radio a été considérée comme un service public. C'est pourquoi les autorités se demandent si l'État, propriétaire des installations, doit confier l'exploitation des ondes à des sociétés concessionnaires sur lesquelles il n'exercerait aucun contrôle direct. Est-ce que la radiodiffusion, comme la presse écrite,

doit relever de l'entreprise privée? C'est à toutes ces questions difficiles que doivent répondre les dirigeants de l'époque. On craint aussi
qu'une absence de règlements aboutisse à un encombrement des
ondes qui, inévitablement, gênerait la radiocommunication militaire. Et n'oublions pas que c'est en cette même période que les
États-Unis s'interrogent aussi. On ne perd surtout pas de temps! La
US Marine sonne l'alerte... Avec l'éclatement de la guerre, Washington met la main sur la TSF. «C'est ce qui, en quelque sorte, incitera Marconi à lorgner du côté du Canada, notamment lorsque les
Américains l'obligeront à se défaire de ses actifs [1].»

Par ailleurs, on n'était pas sans se poser des questions sur les
répercussions culturelles et politiques d'une diffusion surveillée. Et
puis, du côté de Québec, il y a le Secrétaire de la province (ancêtre du
ministre des Affaires culturelles), M. Athanase David, qui a déjà
exprimé le désir de doter le Québec d'un réseau radiophonique...

Durant la période s'étendant de 1905 à 1932, le gouvernement
est extrêmement libéral à l'égard des diffuseurs, ayant finalement
laissé à l'entreprise privée le soin de s'occuper de la diffusion au
pays. Étant donné que le système radiophonique se développe maintenant d'une façon désordonnée, le gouvernement fédéral décide
d'agir en instituant une enquête, d'autant plus que Washington
vient de passer aux actes... De nombreuses solutions ont déjà été
trouvées et adoptées ailleurs. Il faut donc agir. Par exemple, chez
nos voisins du Sud, l'entreprise privée s'est imposée. Néanmoins, le
contrôle technique du gouvernement américain s'est étendu avec le
temps au contenu des émissions. Cela n'affecte en rien les garanties
constitutionnelles de liberté d'expression puisqu'on verra même
apparaître des stations «anti-système»... Aucun pays au monde
n'accorde autant d'importance à la radio que les États-Unis. Cela
est tellement vrai qu'on y trouve aujourd'hui plus d'appareils-radio
que d'habitants. C'est le système de libre entreprise qui influencera
le plus sérieusement nos diffuseurs, et plus tard nos parlementaires,
qui iront jusqu'à proposer la vente de Radio-Canada à l'entreprise
privée pour en faire une sorte de National Broadcasting Corporation...

En France, comme dans plusieurs pays d'Europe, on confie la
diffusion radiophonique à un office doté d'un statut d'organisme
gouvernemental. Quand au modèle canadien, il finira par s'inspirer
de celui de l'Australie, où la radiodiffusion s'est implantée parallèlement dans les deux systèmes. Le gouvernement exploite lui-même
son réseau, par l'intermédiaire d'une société de la Couronne, tout
en accordant des permis à l'entreprise privée par le biais d'une régie
des ondes. Cette formule semble plaire à plusieurs égards aux observateurs. Elle permet de réunir sous une même autorité deux réseaux,

l'un privé, l'autre public. Le système privé est alimenté par la publicité, tandis que le système public est financé par des subventions du Conseil du Trésor ou encore par les taxes. Cependant, puisque nous parlons d'autorité, la surveillance à l'endroit du système privé semble moins rigoureuse chez nous.

La guerre des ondes entre Ottawa et Québec remonte aux années vingt

Contrairement à ce qu'on est porté à croire, la cristallisation du conflit Ottawa-Québec, en matière de diffusion ne remonte pas à l'époque de Maurice Duplessis, mais bien à la période où la radio a commencé à prendre de l'expansion. En fait, dans ce domaine, Ottawa et Québec ont toujours été à couteaux tirés, et cette guerre des ondes a connu son apogée sous le règne de M. Jean-Paul L'Allier, ancien ministre des Communications dans le cabinet Bourassa.

Nous savons que les années vingt furent des années de pionniers pour la radio. Le système qui prend forme se développe, comme nous l'avons dit, d'une manière désordonnée. Cette croissance rapide du nouveau média entraîne des problèmes techniques et administratifs. La plus importante de ces difficultés est sans contredit la proximité des États-Unis, dont le réseau radiophonique provoque beaucoup d'interférences à notre système. Plusieurs stations canadiennes «s'annexent» carrément et deviennent des affiliés des stations américaines. Une autre difficulté réside dans la répartition inégale des stations sur l'ensemble du territoire. En 1927, les Américains décident de mettre fin à l'anarchie radiophonique dans leur pays en créant la Commission fédérale de la communication (Federal Communication Commission), tandis que l'Angleterre cède le monopole des ondes à la British Broadcasting Corporation. Le Canada doit agir aussi, d'autant plus que les provinces, le Québec et le Manitoba surtout, commencent à s'intéresser à cet instrument qu'on dit éducatif et culturel...

Le contenu canadien des programmations de cette époque des années vingt était insignifiant, sauf dans le cas des stations du CNR. Pour le diffuseur privé, il était plus facile et moins coûteux de transmettre des émissions d'origine américaine «si bien que la plupart des stations canadiennes s'en contentaient à peu près exclusivement. Évidemment, le mécontentement du public sera grand et on assistera à des controverses violentes sur la livraison des permis, quand on accuse le gouvernement de censurer les émissions ou encore de faire preuve de partisannerie. C'est dans ce contexte qu'en 1928 Ottawa formera une Commission royale d'enquête chargée d'étudier notre radio[2].»

M. John Aird et ses deux adjoints, Augustin Frigon et Charles Bowman, consulteront beaucoup de gens et enquêteront même à l'étranger. La conclusion du Rapport Aird sera celle de toute les enquêtes qui viendront plus tard, dont notamment le Rapport Davey en 1970: la radio est entre les mains de gens préoccupés par le profit! «Sauf deux qui appartiennent à la province du Manitoba, les autres stations étaient exploitées par des détenteurs de licences dans le but de gains et de publicité se rattachant aux affaires du détenteur de la licence [3].»

La Commission d'enquête fédérale Aird remet son rapport en septembre de l'année 1929 et suggère la mise sur pied d'un réseau national de radiodiffusion. L'historien Robert Rumilly commente l'affaire de la façon suivante: «Bref, les gouvernements ne peuvent plus négliger la radio, incomparable instrument de propagande. Les nations se partagent les longueurs d'ondes. Mais la radio imprévue des Pères de la Confédération relève-t-elle du fédéral ou des provinces? Ottawa invoque le caractère diplomatique des négociations à conduire avec les États-Unis. L'État fédéral tend à l'accaparement, ainsi que les frères Dorion l'avaient prédit avant 1867. Ottawa revendique la surveillance des ondes, qui ne connaissent pas de frontières [4].»

Au même moment, du côté du Québec, le gouvernement provincial revendique ses droits en matière de radiodiffusion. «La province de Québec ne peut pas s'en désintéresser et le gouvernement se votera une somme de 200 000 $ pour établir une station provinciale s'il le juge à propos [5]», déclare le premier ministre du temps, Alexandre Taschereau. Quelques années auparavant, Athanase David avait revendiqué, sur les ondes de CKAC, le droit pour le Québec de constituer un réseau provincial afin d'encourager la vocation agricole par la voie des ondes. Mais comme l'histoire l'a maintes fois démontré, l'action de Taschereau et de David ne devait pas dépasser le stade des belles paroles. En guise de consolation, la province loue les ondes de CKAC pour présenter, en 1929, *L'Heure provinciale*. Cette émission traitera des problèmes agricoles de même que de l'hygiène, de la sécurité routière et de gastronomie. Cette décision ne sera pas sans effusquer Ottawa. Si l'hygiène, l'agriculture ou la sécurité routière devaient servir comme élément de base de la programmation de *L'Heure provinciale*, c'est qu'à cette époque le Québec se relevait à peine de l'épidémique grippe espagnole qui avait fauché 21 millions de vies de par le monde. Quant à l'agriculture elle constituait encore un important secteur de notre vie économique, tandis que la sécurité routière s'imposait à cause du danger que représentait notre piteux réseau routier au moment où les autos proliféraient.

Pour toutes ces raisons et sûrement d'autres, «Alexandre Taschereau, alors tout-puissant premier ministre, crée — après une expérience tentée dans les stations privées — un système de diffusion provincial. Cela provoque un duel Ottawa-Québec, duel qui va de la menace de désavœu envers la Cour suprême pour aboutir devant le Conseil privé de Londres...» comme nous le verrons plus loin.

Déposé en 1929, le Rapport Aird n'aura aucune suite. D'abord, parce qu'on est en pleine crise et que le gouvernement King sait que les élections approchent. De plus, le mécontentement des diffuseurs privés qui hurlent contre l'ingérence dans l'entreprise privée gêne Ottawa.

Enfin, une autre question agace le gouvernement central: les provinces, et surtout le Québec, veulent un morceau de juridiction dans cet important domaine de la radiodiffusion. Même si le Rapport Aird, dans un esprit de conciliation, recommande une forme de partage, Ottawa fera la sourde oreille. «La Commission Aird a produit un dossier extrêmement intéressant à mon point de vue, mais malheureusement la plupart de ses recommandations ont été mises de côté. Le rapport avait aussi une position très nuancée particulièrement en ce qui concerne la politique, où elle recommandait que le gouvernement fédéral s'occupe de la quincaillerie et les provinces du contenu des émissions[6].» La Commission invite donc le fédéral à faire preuve de générosité et à accorder aux provinces une part de juridiction. C'est en Allemagne que la Commission Aird a cru trouver une solution respectueuse du caractère culturel et fédéraliste du Canada. Elle demande à Ottawa de céder aux provinces la juridiction portant sur le contenu des émissions. «Que la radiodiffusion soit placée sur les bases d'un service public; que les stations fournissent un service de cette nature, appartiennent à une compagnie nationale et qu'elles soient par elle exploitées; que les autorités provinciales devraient avoir un contrôle absolu sur les programmes de la ou des stations privées situées sur le territoire respectif de la province[7].»

Le fédéral repousse cette recommandation jusqu'à ce que le Conseil privé vienne lui reconnaître l'exclusivité de la diffusion. Bref, l'attitude du gouvernement central mécontente non seulement les provinces, mais aussi les diffuseurs privés qui, pour d'autres raisons, ne veulent pas voir le système radiophonique passer sous contrôle gouvernemental.

Entre-temps, la Ligue canadienne de la radio, fondée en 1930 par Graham Spry et Alan Plaunt, s'efforce de se rallier l'opinion publique canadienne pour contrer les intentions d'Ottawa. Elle recevra l'appui du haut clergé, des milieux ruraux, du monde de l'enseignement, de même que des éditorialistes des grands journaux, dont *La Presse* et *La Patrie* qui possèdent CKAC et CHLP.

Même le Canadian Pacific Railways se range du côté de la Ligue. Pas d'ingérence! crie-t-on partout d'un bout à l'autre du pays. Mais le gouvernement canadien n'a pas joué sa dernière carte. Misant sur les sentiments nationalistes, Ottawa sort victorieux. «L'État canadien ou les États-Unis, clame-t-il. Choisissez!» La Loi de la radiodiffusion est déposée par le nouveau gouvernement conservateur de M. Bennett. Les provinces croient bon de la contester en réclamant, une fois de plus, une juridiction partagée, mais les tribunaux tranchèrent en faveur d'Ottawa: à la suite du jugement de la Cour suprême du Canada, rendu le 30 juin 1931, le Conseil privé de Londres confirme, en 1932, que les communications sont bel et bien du ressort du gouvernement fédéral. «Le parlement canadien a le pouvoir législatif exclusif pour légiférer et contrôler la radiodiffusion au Canada», décide le plus haut tribunal britannique.

Ottawa adopte finalement la Loi canadienne de la radiodiffusion. Après une longue période d'hésitation, craignant de se voir accusé de porter atteinte aux libertés, le gouvernement central soumet la radiodiffusion à la surveillance du ministre responsable des ondes. Un organisme de surveillance est créé et adopte le nom de Commission canadienne de la radiodiffusion, la CCR comme on l'appelait à l'époque. Elle ne fait pas aussi peur que le CRTC puisque, sans argent et sans trop de pouvoir... son rôle est insignifiant. Nous en avons parlé dans un chapitre portant sur l'historique des régies des ondes.

Au Québec, malgré la décision de Londres, invoquant l'éducation et la culture, Duplessis, Lesage, Johnson, Bertrand, Bourassa et Lévesque continueront de répéter que la radiodiffusion est un instrument de juridiction provinciale.

Malgré les alliances entre Québec et l'Ontario, entre Duplessis et George Drew; malgré la sympathie mutuelle de Daniel Johnson et John Robarts, dressés ensemble contre Ottawa en cette matière; malgré le front commun «Québec-provinces anglaises» sous Bourassa-L'Allier, rien ne viendra à bout de l'irréductibilité d'Ottawa dans ce secteur. C'est une guerre de cent ans qui se poursuit. Le fédéral demeure sur ses positions.

On connaît les déboires de Maurice Duplessis avec Radio-Canada. «Pour être franc, durant la guerre, Radio-Canada a été plutôt partial. Non seulement il a refusé de passer les discours de Duplessis en direct, durant la campagne de 1939 — sous prétexte qu'il pourrait prêcher la sédition — mais il a laissé les libéraux parler tout leur soûl...[8]» Mais quand on s'appelle Maurice Duplessis, on n'oublie pas..., même si ce même Duplessis tonnait contre le désir d'Alexandre Taschereau de doter le Québec d'une radio provinciale. Il accusait les libéraux québécois de vouloir faire de la propagande radiophonique... Ça lui retombera sur le nez! Mais reproche ou pas, Duplessis relancera l'idée d'implanter un réseau provincial, qui ferait mieux connaître les problèmes du Québec et, de ce fait, son équipe. Et au fond est-ce que les Pelletier, Trudeau et Marchand qui ont entrepris de belles carrières à Ottawa ne se sont pas abondamment servis de ce média qu'était Radio-Canada pour vendre leurs idées, et démolir Duplessis[9]?

Duplessis ajoutait que la censure de Radio-Canada s'exerçait contre lui, qu'on l'empêchait même de prononcer ses discours en faveur de l'autonomie provinciale sur le réseau. On était en pleine guerre. S'il était vrai que le premier ministre québécois figurait sur la liste noire de la Société, comme il l'affirmait vertement, il faut rappeler que la censure s'étendait à d'autres domaines, la météo par exemple. Défense expresse était faite aux nouvellistes de diffuser des bulletins qui auraient pu constituer des points de repère pour les sous-marins allemands. «Mais il reste que les tribunes de Radio-Canada étaient surtout occupées, à ce moment-là, par les adversaires irréconciliables de Duplessis, si bien qu'ils ne se gênaient guère pour le canonner à boulets rouges[10].»

Si plusieurs personnages sont, à l'époque, étroitement surveillés par la Gendarmerie royale du Canada, qui craint la répétition des événements de 1917, alors que les anticonscriptionnistes provoquèrent diverses manifestations violentes, les chefs de file canadiens sont généralement loyalistes. On voit le cardinal Villeneuve déployer un grand zèle et inviter les Canadiens français à se battre pour la mère patrie; Adélard Godbout, qui a succédé à Taschereau, multiplie aussi les interventions en ce sens. Il y a d'un côté «les bons sujets» et de l'autre «les mauvais sujets», pour ne pas dire les traîtres tout court.

Cinq millions pour une radio québécoise

Les positions «partisanes» de Radio-Canada ont donc pour effet de remettre sur la rampe de lancement le vieux rêve caressé par Athanase David: créer un réseau provincial de diffusion.

Le fédéral fait face à plusieurs litiges portant sur la question des ondes. Bien que la Cour suprême du Canada ait donné raison au gouvernement d'Ottawa, et que ce jugement ait par la suite été confirmé par le Conseil privé de Londres, certaines provinces luttent encore contre tout espoir pour occuper une partie de ce secteur. «C'est Ottawa seul qui contrôle les ondes et émet les permis de diffusion», répliquent certains parlementaires fédéraux... Mais Maurice Duplessis, bon batailleur, ne veut pas lâcher. Il demande à Georges

André Laurendeau est un des rares membres de l'opposition à appuyer l'idée de Maurice Duplessis de créer une radio québécoise.
(Photo André LeCoz)

Léveillée, au début de l'année 1945, de vérifier les possibilités du Québec auprès du pouvoir central. L'accueil est froid! Le 21 février de la même année, Duplessis revient à la charge. Les résultats des diverses rencontres entre les fonctionnaires québécois et fédéraux seront négatifs.

En guise de réplique, le 13 mars 1945, Duplessis engage le débat sur la création d'une radio québécoise. Disposant d'une somme de cinq millions de dollars pour l'achat d'un établissement et l'érection d'antennes, Duplessis déclare qu'il s'agit «d'un geste autonomiste face aux empiètements du fédéral». Pour lui, la radio est un instrument d'éducation et de culture et doit donc, par conséquent, relever des provinces. Il invoque le cas de deux provinces, le Manitoba et l'Alberta. En 1923, Ottawa avait effectivement accordé des privilèges à ces deux provinces, mais en échange de l'utilisation de leurs circuits téléphoniques. Bref, elles étaient propriétaires des établissements de diffusion, mais le fédéral demeurait le seul responsable de la diffusion. De plus cette concession avait été réalisée avant que n'entrent en vigueur les nouvelles lois sur la radiodiffusion; dimension du problème que Duplessis semblait ignorer. Au même moment, Adélard Godbout, alors nouveau chef du Parti libéral, ressort les mêmes arguments utilisés par Duplessis contre les libéraux de Taschereau à l'époque. Il n'est pas contre le principe, mais il ne veut pas voir s'installer une «Radio-Duplessis»!

Onésime Gagnon présente le projet de loi, en l'absence exceptionnelle de son chef. Le préambule se lit comme suit: «Attendu que la radiodiffusion est un puissant moyen de publicité et de fonction intellectuelle et morale; attendu qu'il est de la plus haute importance pour le Québec de bien faire connaître le sens de la légitimité de ses revendications et de ses aspirations; attendu qu'il est juste et nécessaire de créer une organisation radiophonique conforme aux droits constitutionnels de la province et du pays, affectée spécialement à la poursuite de ces fins, sous la surveillance du gouvernement... [11].»

Duplessis n'ignore pas les difficultés que comporte ce geste audacieux. Il a été témoin de l'échec du gouvernement Taschereau, quand le Secrétaire de la province, Athanase David, avait demandé, en 1929, un crédit de 200 000 $ pour créer une station provinciale. Le conflit prend donc de l'ampleur, et Ottawa envisage, si nécessaire, le désaveu. Les libéreaux de Godbout, bien que d'accord avec le projet, ne sont pas très enthousiastes à appuyer l'idée du gouvernement québécois. À peine relevés d'une raclée électorale, ils ne se sentent pas trop concernés. Ils se disent même qu'Ottawa s'occupera de mettre le holà à Duplessis. Ils sont certains que le fédéral brandira le jugement du Conseil privé pour rendre inconstitutionnel le projet du premier ministre du Québec. Godbout propose, plutôt que de s'engager derrière Québec, la création d'une commission indépendante, représentative de toutes les idéologies... Pour sa part, André Laurendeau, chef du Bloc populaire, appuie le principe du «bill Duplessis» parce qu'il juge, comme le premier ministre, que la radio canadienne est une école d'impérialisme; il croit qu'il serait bon de faire entendre la voix de la province. Mais Laurendeau, comme plusieurs parlementaires de l'Assemblée législative du temps, croit que le projet sera torpillé par le Conseil législatif. Il faut spécifier que le projet de loi Duplessis disait même qu'on pourrait nationaliser des stations radiophoniques existantes. Or, deux membres du Conseil législatif, David Nichol et Pamphile du Tremblay, sont propriétaires de postes de radio... Godbout ne s'oppose pas, mais répète qu'il ne veut pas voir la future radio servir les intérêts de l'Union nationale. Quant à René Chalout, le très nationaliste député indépendant, il souhaite lui aussi la création d'une radio québécoise. Le bill est adopté en première lecture par 42 voix contre 25.

«Le projet de Radio-Québec sera bloqué. C.D. Howe parle même d'interdire s'il le faut, par une mesure expresse, l'établissement de postes de radio provinciaux [12].» Duplessis et George Drew, de l'Ontario, resserrent leur alliance contre Ottawa... en vain. Ottawa est intraitable! En fait, le fédéral fera subtilement intervenir Radio-Canada qui, à ce moment, est responsable de la livraison des permis de diffusion. Radio-Canada est juge et partie! Son Bureau des gouverneurs rappelle que les demandes faites par une province n'ont pas plus d'importance que celles faites par une corporation ou

Parce que Radio-Canada a joué un rôle dans le torpillage de son projet de créer une radio québécoise, Duplessis ne mettra jamais plus les pieds dans un studio de la radio d'État. *(Photothèque Radio-Canada)*

par un individu. Et c'est là que Duplessis commet une erreur. «Il écrit à Augustin Frigon, du Bureau des gouverneurs de Radio-Canada, le 19 mars 1946. 'La voix de la province doit être entendue', dit-il. Frigon réplique: 'Voyez plus haut!' Le Bureau refuse quelque temps plus tard… pour des questions techniques! Radio-Québec est mort[13]!»

En 1948, lors du 24e anniversaire de la station CKAC, Duplessis revient une fois de plus à la charge sur les ondes de cette station: «Dans le domaine de la radiodiffusion, le Québec considère que la centralisation de la radiodiffusion entre les mains de la bureaucratie fédérale va à l'encontre des principes fondamentaux, ratifiés par la Constitution canadienne et les Pères de la Confédération, qui réservent aux provinces le plein domaine de l'éducation sous toutes ses formes[14].»

Duplessis n'oubliera pas ses accrochages avec la direction de Radio-Canada. Une fois la télévision de Radio-Canada en opération, il jure de ne jamais mettre les pieds dans les studios du boulevard Dorchester. Effectivement, si Duplessis apparaît quelquefois à l'écran de Radio-Canada ou s'il est entendu à l'antenne de CBF, ce sera seulement par le truchement d'extraits sonores ou filmés captés sur les lieux d'assemblées officielles ou publiques. À part ça on ne verra jamais Duplessis dans un studio de Radio-Canada! Ce sera sa façon à lui de bouder cette institution qui aura joué un rôle dans le torpillage de son projet.

En 1965, le premier ministre Jean Lesage passe à l'attaque. Il déclare à propos de la diffusion: «Nous comprenons que le gouvernement fédéral recherche à la fois l'uniformité administrative et l'uniformité des services à la population à la grandeur du pays. Je répondrai à cela que le souci de l'uniformité administrative ne peut pas justifier la centralisation et les décisions unilatérales et que l'uniformité des services ne peut être atteinte que par la collaboration des provinces entre elles. En effet, dans la mesure où il y a, de façon générale, correspondance entre les services offerts d'une province à l'autre, la recherche de l'uniformité devient une forme de perfectionnisme administratif, dont l'un des résultats les plus évidents est de renfermer l'action des provinces à l'intérieur des structures et des méthodes rigides et stériles, et de créer, à toutes fins utiles, un État unitaire. Le Québec ne tient pas à ce genre d'uniformité, car dès que l'on accepte que notre communauté nationale a le droit de s'épanouir comme elle l'entend — il faut logiquement que les décisions administratives du gouvernement du Québec ne soient pas nécessairement identiques à celles des gouvernements des autres provinces. Quant on nourrit le mythe de l'uniformité, on prive automatiquement les gouvernements provinciaux de toute velléité d'action ordonnée en fonction des besoins et des aspirations de leurs populations[15].»

Soucieux de travailler à la décentralisation des pouvoirs, Daniel Johnson parle du domaine auquel le gouvernement du Québec attache la plus haute importance, c'est-à-dire, ces instruments d'éducation et de culture que sont la radio et la télévision. «À l'heure actuelle, les provinces sont loin de jouer à cet égard le rôle qui devrait normalement leur revenir. Aussi, les ondes hertziennes étant contrôlées à partir d'Ottawa, la répartition des stations de radio et de télé s'est effectuée sur le territoire du Québec sans que notre gouvernement puisse intervenir de quelque manière que ce soit. C'est là une situation que l'on doit à l'interprétation donnée au Québec. Si les ondes sont, à bon droit, du domaine public, elles ne peuvent ni ne doivent être l'apanage du gouvernement fédéral. L'attribution des ondes peut avoir des conséquences sérieuses sur le plan culturel, tout comme d'ailleurs le contenu des émissions. Le Québec ne peut tolérer plus longtemps d'être tenu à l'écart d'un domaine où son intérêt vital est aussi évident, surtout si l'on tient compte des perspectives d'avenir des moyens audio-visuels de communication de masse, en particulier pour l'éducation, non seulement des jeunes mais aussi des adultes[16].»

Et dans un geste surprise, Daniel Johnson passa un «sapin» à Ottawa. Pierre Trudeau héritera de ce que Louis Saint-Laurent avait détruit pour barrer la route à Duplessis. «Par un simple arrêté en Conseil (no 384) du 22 février 1968, Johnson met «en éveil» la loi du 20 avril 1945. Comment? En transformant Radio-Québec en Office de communication audio-visuelle de l'Éducation et de la Culture, lesquelles culture et éducation relèvent des provinces... [17]» Il s'agissait d'une belle percée, mais nous étions loin d'un partage en matière de communication.

Après Johnson, c'est au tour de Robert Bourassa de parler de responsabilité en matière de diffusion. Lorsqu'il parlait de décentralisation, de nouveaux partages, de révision constitutionnelle ou de souveraineté culturelle, Robert Bourassa n'oubliait jamais de dire que le dossier des communications n'était pas clos! Il devait être discuté préalablement aux négociations avec le pouvoir central. Bref, les communications sont des éléments de base pour l'application d'une souveraineté culturelle. Le 26 août 1973, au mont Orford, le premier ministre québécois devait déclarer: «Dans les questions culturelles... c'est une simple question de bon sens, puisqu'on ne peut pas confier à une majorité anglophone le soin d'assurer la sécurité culturelle d'une minorité francophone; la position du Québec pourrait être flexible quant à la forme, mais sur le fond, quant à l'objectif poursuivi, elle est et sera ferme, claire et déterminée[18].»

Denis Hardy, dernier ministre des Communications dans le cabinet Bourassa se butera, lui aussi, au mur d'Ottawa.

À la fin de l'année 1976, le gouvernement Lévesque, par la voix de son ministre responsable des Communications, Louis O'Neil, reprenait à son compte la position déjà exprimée par Jean-Paul L'Allier et Denis Hardy, pour réclamer d'Ottawa une plus large responsabilité dans ce secteur.

Aujourd'hui comme hier, pour ce qui touche la radiodiffusion, rien ne va avec Ottawa. Et Gérard Pelletier l'a déjà dit, du temps où il était Secrétaire d'État: «Jamais, dans ce domaine, nous ne ferons de concessions.» Plus tard, M. Pelletier connaîtra des ennuis avec Jean-Paul L'Allier qui ne se laissera pas bousculer. Devant la volonté du ministre québécois d'au moins s'affirmer dans la câblodistribution, Pelletier fera saisir par la Police fédérale une antenne près de Rimouski qui avait été érigée à la demande de Jean-Paul L'Allier. «Les ondes resteront sous juridiction fédérale.» Le message était clair! Dans le contexte constitutionnel actuel, le Québec n'obtiendra rien, même pas ce que proposait le Rapport Aird, c'est-à-dire une juridiction partagée... Pourquoi? Parce que les moyens de communications électroniques, la radio, la télé et le câble, apparaissent, dans l'optique canadienne, comme des instruments d'unification du pays, tout comme l'avait fait le chemin de fer au début de la Confédération. Tout en s'opposant idéologiquement au «melting pot» américain, la mosaïque de cultures s'exprime à l'intérieur d'un cadre défini, à partir d'une théorie: celle de l'unité canadienne.

Automne 1978. Surprise! À l'issue d'une conférence constitutionnelle tenue à Ottawa, le gouvernement Trudeau se déclarait disposé à discuter d'un éventuel partage des pouvoirs en matière de communication. Avec cette ouverture, les provinces, et particulièrement le Québec, auront un droit de regard sur le contenu des programmations. Il aura fallu plus de cinquante ans pour obtenir une concession recommandée par une commission fédérale, en l'occurence la Commission royale d'enquête Aird chargée d'étudier notre système de diffusion... «Mais le temps nous a démontré qu'il ne s'agissait que d'un mirage! Bien que Madame Jeanne Sauvé, responsable des communications à Ottawa, ait été sincère, l'ex-ministre des Communications, Denis Hardy, rappelle qu'à Montréal, Max Yalden, aujourd'hui délégué canadien à l'OCDE, ramena Mme Sauvé à l'ordre et dans le 'droit chemin' soit celui de la négation du Québec en cette matière [19].» Sauvé et Hardy se quittèrent sans que rien ne change... Enfin, une autre lueur d'espoir apparaît lorsque, le 22 mai 1985, Jean-François Bertrand, du Québec, et Marcel Masse, d'Ottawa, insistent sur la spécificité des médias francophones du Canada ce qui pourrait, un de ces jours, signifier la mise en place de deux politiques de diffusion différentes au pays [20].

Pourquoi Québec insiste-t-il pour obtenir un droit de regard sur ces puissants moyens de communication? Parce que la radio, comme tous les médias, est un outil qui contribue à fabriquer une pensée collective d'une nation. Et sans ce droit de regard, ce peut être l'acculturation.

1. *L'Aventure de la radio au Québec*, Éditions La Presse, septembre 1979.

2. *Ibid.*

3. André Charbonneau, in *La radiodiffusion au Canada*, Institut canadien d'éducation des adultes, 1964.

4. RUMILLY, Robert, *Maurice Duplessis et son temps,* I, Fides, 1973.

5. *Ibid.*

6. CHARBONNEAU, André, cité dans *L'Aventure de la radio au Québec*, septembre 1979, aussi entrevue accordée par M. Charbonneau, 20 mars 1979.

7. *Ibid.*

8. RUMILLY, Robert, *Mémorial du Québec,* Éditions La Société du Mémorial, 1980.

9. Entrevue avec M. Robert Rumilly, vendredi, 24 février 1978.

10. *Ibid.*

11. RUMILLY, Robert, *op. cit.*

12. *Ibid.*

13. *Mémorial du Québec, op. cit.*

14. Documentation de l'ex-ministre des Communications, Jean-Paul L'Allier, décembre 1973.

15. *Ibid.,* voir aussi L'*Aventure de la radio au Québec.*

16. *Ibid.,* voir aussi L'*Aventure de la radio au Québec.*

17. *Mémorial du Québec,* Éditions la Société du Mémorial, 1980.

18. *L'Aventure de la radio au Québec,* aussi documentation du ministère des Communications, décembre 1973.

19. HARDY, Denis, ex-ministre des Communication en 1976. Entrevue accordée le 6 juillet 1983.

20. La Presse, 22 mai 1985, «Ottawa et Québec s'entendent mais ne parlent pas le même langage».

Chapitre 6

L'Église boude la radio

La présence religieuse sur nos ondes est une autre donnée qu'il ne faudrait surtout pas oublier. Bien que Montréal ait été la première ville du monde à abriter une station radiophonique, l'Église catholique du Canada français a mis beaucoup de temps à s'intéresser à l'utilisation des ondes. Roger Baulu, doyen des ondes québécoises, relate ces faits dans son livre *CKAC, une histoire d'amour,* publié à l'occasion du soixantième anniversaire de cette station[1].

Cela s'expliquerait, d'après certains, par la réticence du Vatican devant ce nouveau moyen de communication. Si nous examinons l'attitude de l'Église au Québec durant les années vingt, nous constatons deux choses. Cette institution est puissante et triomphante. Elle ne perd pas de temps à intervenir dans tous les domaines où elle croit la foi menacée. Il s'agit donc d'une Église qui se méfie de toutes les inventions nouvelles. Bref, elle se tourne vers l'arrière pour retrouver l'idéal de la société qu'elle souhaite. En réalité, l'Église se heurte à la résistance des pouvoirs politique et économique.

Rappelons la réaction de Pie XI qui, dans son encyclique *Vigilenti Cura*, qui veut dire «Par des soins vigilents», invitait les fidèles à la prudence devant ces inventions qui s'animent et bougent. En 1913, Pie X, son prédécesseur, avait interdit par décret l'emploi du cinéma pour l'enseignement religieux et blâmé formellement la représentation de toute scène empruntée à l'Évangile ou à l'Histoire sainte. Le cinéma représentait pour l'Église une menace, car elle ne pouvait en contrôler le contenu. Alors, des pressions sur le gouvernement provincial obligèrent celui-ci à interdire cette invention nouvelle aux jeunes de moins de seize ans. La radio est aussi une invention nouvelle!

L'Église dispose de grands moyens et surtout de gros effectifs. Pour la période qui nous intéresse, le nombre total de religieux des deux sexes au Québec passe de 8612 en 1901, à 25 332 en 1931, ce qui donne, d'après le sociologue Bernard Denault, «un religieux pour 166 catholiques en 1901, et un pour 97 en 1931[2].»

Cette prolifération de religieux, chez nous, peut s'expliquer par le fait que le malheur des uns fait parfois le bonheur des autres. En France, en 1905, l'Église cède sa place à l'État! «De nombreux religieux français viennent s'établir au Québec à la suite de cet événement[3].» Avec autant d'effectifs peut-on craindre les inventions nouvelles?

À Montréal donc, de 1918 à 1931, l'Église reste essentiellement silencieuse devant les activités de CFCF, CKAC, et CHLP qui est apparue le 28 octobre 1930. Durant cette période, Pie XI règne avec autorité. «On n'avait pas à discuter avec lui», de confier à CJMS le cardinal Paul-Émile Léger en juin 1984. «Mais il y avait espoir! Son secrétaire d'État était le progressiste cardinal Pacelli qui deviendra plus tard Pie XII», de rajouter le cardinal Léger. Ce n'est qu'au début des années trente, après que Rome eut convoqué Marconi pour créer Radio-Vatican, que le jésuite montréalais, Papin Archambeault, de l'École sociale populaire, frappe à la porte de CKAC pour solliciter du temps d'antenne. Il ne faut pas perdre de vue non plus que ce n'est qu'en 1929 que le traité de Latran a été signé, lequel permettait au souverain pontife de sortir du Vatican, ou enfin du palais où il se trouvait. «Jusque-là, depuis Pie IX, le souverain pontife était considéré comme prisonnier. On se rappellera qu'on avait assisté, en 1870, à l'invasion des États pontificaux, comme on les appelait à cette époque, par ce qui est devenu la république d'Italie. Le pape, pour protester contre cette invasion, s'était constitué prisonnier. On savait très bien qu'à partir du moment où Pie XI était devenu souverain pontife, en 1921, cela ne pouvait plus durer. Après des négociations longues et ardues, Pie XI entreprit de sortir le Vatican de son isolement[4].»

Mais Pie XI se méfiait-il de la radio, cette nouvelle invention?

«Il n'était pas question, à cette époque, que la papauté utilise les ondes pour s'adresser au monde. Ce n'est que lorsque Marconi, qui était un ami du pape, eut convaincu le Vatican de le faire, qu'un plan de création de Radio-Vatican fut soumis, à la fin des années vingt. Cette radio à ondes courtes fut inaugurée en 1931, et Pie XI accepta d'y lire le premier message radiophonique. C'est donc de ce moment que date ce type de diffusion religieuse, qui a permis de rejoindre les fidèles autrement que par la prédication du dimanche[5].»

Marconi et Pie XI lors de l'inauguration de Radio-
Vatican qui deviendra au fil du temps la plus
puissante radio à ondes courtes au monde.
(Photo Radio-Vatican)

«Le pape parlera au monde entier! Aussitôt que la station Radio-Vatican sera prête, le Saint-Père enverra un message. La voix du pape, selon Marconi, pourra être entendue aux antipodes[6].»

Le 12 février 1931 on inaugure Radio-Vatican. Heureux de son chef-d'œuvre, Marconi devait déclarer: «Les ondes électriques transporteront dans le monde entier la parole de paix et la bénédiction du Saint-Père[7].»

À Montréal, le premier à saisir l'importance de cette forme d'apostolat fut le père Archambeault. Au lendemain de son entente avec les dirigeants de CKAC, la *Semaine religieuse de Montréal* annonce que le poste de La Presse commencera à diffuser, à partir du 4 octobre, *L'Heure catholique,* émission organisée par le Comité des œuvres catholiques avec la haute approbation de Monseigneur Gauthier. Nul doute que ce texte de la *Semaine religieuse de Montréal* est très précieux. Il nous permet d'avancer que l'année 1931 a probablement sonné le départ de l'Église catholique sur les ondes et Papin Archambeault en mérite les honneurs! «Avant ça, il y avait certes des émissions religieuses, mais elles ne faisaient pas grand bruit», de dire Ferdinand Biondi, ex-directeur et responsable des émissions religieuses à la station de *La Presse.*

«*L'Heure catholique* comprend une première partie consacrée à la doctrine, suivie de chants religieux, et d'une dernière tranche réservée à des exposés[8].» Ainsi, chaque mardi, les religieux, et parfois le père Archambeault lui-même, donnent des causeries. Par la suite, pour varier un peu, on organise des panels.

Mais malgré le dynamisme de Joseph-Papin Archambeault et la rencontre de Marconi avec Pie XI, l'historien Robert Rumilly ne croit pas, pour sa part, que ces événements aient suscité l'engouement du clergé à l'égard du jeune média. Il juge que c'est à l'émission *l'Heure provinciale* (1929) qu'on doit cet intérêt des religieux à la radiodiffusion. «Cette émission est moins une émission d'information qu'une pièce de jeu d'échecs fédéral-provincial... On peut ainsi constater que les groupes qui ont accès à l'antenne de CKAC, chefs politiques, patriotiques et membres du clergé, commencent à percevoir l'intérêt de propagande que représente la radiophonie en ce début de la décennie trente[9].»

De toute manière, comme le faisait remarquer l'historien Jean-Claude Robert, du fait que le clergé d'ici était on ne peut plus aligné sur celui de Rome, on peut croire que les clercs ont vu dans l'initiative papale l'occasion de faire entendre l'Église canadienne sur les ondes. Que Papin Archambeault ait été ou pas à l'avant-garde du temps, il est indéniable que sa négociation fut fructueuse et surtout exclusive. La *Semaine religieuse de Montréal* le confirme bien dans son édition du 24 septembre 1931 et en profite même pour s'en prendre aux idéologies qu'elle combattait. «Il y a assez longtemps que l'air est rempli d'annonces, de musique avec ou sans paroles, de discours à tendance matérialiste. Pour certains sujets cela s'entend. Le commerce, par exemple, n'a jamais été une chose ailée, mais il manquait, dans toutes ces notes dont l'atmosphère est saturée, la note catholique, spirituelle et surnaturelle. Il y a déjà assez longtemps que Mrg l'archevêque-coadjuteur rêvait de cette heure de religion[10].» Cela se produit sept mois après l'inauguration de Radio-Vatican!

Toujours est-il que la radio évolue, au fil du temps, vers le concept de service public et ce au fur et à mesure que progresse l'auditoire. Parmi les nombreuses causeries on note que, le 12 octobre 1932, CKAC aborde la question de la répartition des richesses d'après l'encyclique *Quadragesimo Anno,* qui veut dire 40 ans! Cette causerie est diffusée sous les auspices de l'École sociale populaire[11]. Les sujets religieux deviennent de plus en plus courants et la présence des clercs à CKAC se multiplie. Ce sont probablement là les résultats de la démarche du père Archambeault. C'est du moins ce que croyait Jacques Cousineau, SJ., sociologue et auteur de nombreux documents sur le rôle des médias, et qui en plus, a très bien connu Papin Archambeault.

Le 25 octobre 1939, les libéraux prennent le pouvoir à Québec en remportant 67 des 83 sièges aux mains du jeune premier ministre sortant Maurice Duplessis. Nous sommes en plein cœur de l'âge d'or de la radio!

Non à CKVL, de dire le clergé de Verdun

Avec le temps on constate que l'élite cléricale, formée de religieux du moyen et du haut clergé, doit partager son pouvoir. Elle se frotte à l'élite civile. À Verdun on apprend qu'un groupe d'hommes d'affaires, ayant à sa tête M. Jack Tietolman, veut fonder une station radiophonique. Le 1er avril 1944, l'hebdomadaire Radio-monde, qui appartient à Jack Tietolman, annonce qu'une demande a été faite à Ottawa pour l'obtention d'un permis pour une nouvelle station de radio à Verdun. Comme le requérant n'a pas l'appui du clergé de cette ville, il s'empresse d'organiser une pétition auprès des gens d'affaires des principales artères de cette ville de 40 000 habitants.

L'annonce de l'ouverture d'un poste administré par une famille juive soulève une campagne de protestations de la part d'un groupe de curés de Verdun, ayant à leur tête Mgr Richard. On est à l'époque où «la bénédiction officielle» est obligatoire au succès de toute entreprise. Le Québec grandit avec l'Église...

Pour trancher le débat, le docteur A.D. Archambault, figure dominante de Verdun, réplique dans le journal local: «La religion des administrateurs de la future station a peu d'importance, ce qui compte c'est que Verdun ait son poste de radio [12].»

Afin de se gagner le plus d'appuis possibles dans la grande population, l'équipe de CKVL fait du porte-à-porte pour demander aux citoyens des rues avoisinantes du poste de la rue Gordon s'ils sont d'accord ou pas avec le projet de programmation. «On prend note des suggestions! Le 3 novembre 1946, CKVL inscrit sa voix sur les ondes hertziennes avec ses 1000 watts de puissance et Jack Tietolman n'oubliera pas d'accorder une place aux religieux...»

Les années quarante et le début de la décennie cinquante passent pour être, au Québec, le temps de la «grande noirceur». Il est vrai qu'en cette période où les valeurs traditionnelles priment le Québec officiel se voit obligé, le courant l'exige, de vivre retiré des mouvements d'après-guerre. Par exemple, le film Les Enfants du paradis sera censuré, avec l'approbation du clergé, par Duplessis. Le clergé en profite pour dénoncer certains livres à l'index...

Jack Tietolman, une fois devenu propriétaire de CKVL, n'oubliera pas d'accorder une place de choix aux religieux. On le voit ici en train de sabler le champagne avec Mgr Paul Grégoire. *(Photo CKVL)*

Revenons à CKAC. À l'occasion de l'Année sainte (1950), Mgr Albert Valois obtient un quart d'heure d'antenne chaque jour pour la diffusion du chapelet en famille. «Une famille qui prie est une famille unie», dit la voix du poste de *La Presse,* avant de présenter, en direct de la cathédrale Marie-Reine-du-Monde, *Le Chapelet en famille.* «C'est à titre expérimental qu'on laisse les dizaines du rosaire défiler en ondes. Nous sommes au mois d'octobre 1950. Mois du saint Rosaire! Dès 19 h, les auditeurs répondent à l'appel du palais épiscopal. Après l'essai, CKAC ausculte son public pour voir s'il vaut le coup de poursuivre la récitation du chapelet en famille. Les résultats sont inespérés! Institutions religieuses, hôpitaux, et foyers de tous les coins de Montréal et de la province disent oui. Une majorité écrasante est pour[13]!»

CKAC a son directeur des Affaires religieuses, M. Ferdinand Biondi: celui-ci suit de près tout ce qui se passe au Vatican, afin d'être à la fine pointe de l'actualité religieuse. Mgr Paul-Émile Léger devient, à sa manière, une vedette des ondes. Jusqu'au début des années soixante-dix, CKAC transmet des millions de «Je vous salue, Marie» au cœur des foyers québécois. Pour trouver une chanson-thème pour l'émission, on avait organisé un concours à l'échelle du Québec. La chanson primée, *Reine du saint Rosaire*, est une com-

126

position de Paul Gélinas et de Laurent Jodoin. «Elle fut enregistrée par le baryton canadien Albert Viau, éditée sur feuilles de musique et même traduite en anglais», de confier Roger Baulu.

Mgr Léger qui a été invité, depuis Rome, à venir prendre la relève de Mgr Gauthier en profite pour commenter les mystères, la parole du Christ et l'actualité. «En 1952, on entrepend la lutte contre l'alcoolisme et Mgr Paul-Émile Léger dirige la croisade radiophonique du rosaire[14].» L'archevêque devient en quelque sorte une vedette des ondes. Biondi croit que l'influent personnage a peut-être été la plus grande vedette religieuse. «Le micro lui était toujours accessible. Il pouvait, par le biais de la station, transmettre ses messages directement de son bureau. Peut-être en reconnaissance pour CKAC, il privilégiait notre station lors de ses conférences de presse», de nous confier Biondi. *Le Chapelet en famille* est tellement populaire qu'il est la cause du déplacement d'horaire d'*Un homme et son péché* à Radio-Canada. La cote d'écoute grugeait dans l'auditoire de CBF.

La popularité de cette émission est tellement évidente que M. Paul Coucke, de la station CJMS, lors du deuxième Congrès national des radiophiles catholiques qui a eu lieu à l'Oratoire Saint-Joseph en 1960, souhaite la création d'un «pool» de postes de radio afin que l'émission de CKAC soit diffusée simultanément sur les ondes de tous les postes du grand Montréal. Ferdinand Biondi réplique que «l'émission *Le Chapelet en famille* est due aux efforts et aux initiatives du poste de *La Presse,* qu'elle a coûté très cher, et que CKAC doit normalement en garder l'exclusivité puisque c'est là le jeu de la concurrence[15].»

Toujours au cours de ce congrès, on rappelle que Jean XXIII, et avant lui, Pie XII, a demandé à tous les catholiques de s'intéresser aux problèmes de la radio et de la télévision. On est loin de l'attitude de Pie XI... L'une des résolutions adoptées au congrès recommande que le clergé encourage l'organisation de cours de formation pour les animateurs religieux et laïcs des émissions religieuses. C'était d'ailleurs le vœu exprimé par Pie XII dans son encyclique *Miranda Prorsus,* qui veut dire «Ces moyens merveilleux», publiée en 1955.

Mais avant même la publication de *Miranda Prorsus,* le père Émile Legault, figure dominante du moyen clergé, se fit connaître. Radio-Canada l'avait invité à animer à l'écran *L'Eau vive.* Le père Legault était déjà connu des radiophiles puisqu'il animait à CKAC *La Prière du matin* dès 7 h 45, heure fétiche, c'est-à-dire au moment où il y aurait le plus grand nombre d'auditeurs d'après les organismes de sondage. Il avait succédé aux pères Brassard et Houle. «Je n'ai pas attendu la permission de l'Archevêché pensant que mon rôle de prédicateur pouvait fort bien s'appliquer tant en chaire qu'au micro ou à l'écran de télé [16].»

Les membres du «moyen clergé» étaient donc en nombre assez important sur les ondes montréalaises. C'est probablement ce qui a incité l'épiscopat à organiser un congrès au cours duquel les religieux seraient invités à discuter de l'utilisation des ondes. C'est du moins ce que croyait feu le père Jacques Cousineau.

Parmi ces vedettes du «moyen clergé» il y eut aussi, plus tard, les pères Marcotte et Desmarais, Hogue et Signori qui animaient à CKAC, CBF, CJMS et CKVL des lignes ouvertes orientées sur l'aspect moral et religieux de la vie des hommes. Mais à CJMS, le père Réal Hogue devenait, en février 1963, le premier titulaire au Québec d'une ligne ouverte à caractère religieux. «À ce moment, dit-il, un censeur surveillait tout ce que nous pouvions dire. Le mien, le père Ernest Hadd, se trouvait au Centre marial montfortain et voyait à la pertinence des sujets que je traitais en ondes [17].»

Puis à CKVL, le père Signori convertissait son «hot-line» en véritable confessionnal public...

L'application de la résolution du Congrès national des radiophiles catholiques fut confiée au père Aurèle-Marie Séguin o.p., de l'Office des communications sociales. Peu après, Radio-Canada crée son service des émissions religieuses. Au sujet du Père Séguin, il est bon de se rappeler qu'il avait fait partie de l'équipe dirigée par Alphonse Ouimet et qui avait introduit la télévision au Canada en 1952.

En 1967, année de l'Exposition universelle de Montréal, on note que la vie religieuse occupe encore une place enviable sur les ondes des postes AM à travers le Québec. Par exemple, dans le diocèse de Montréal, le total du temps accordé aux émissions religieuses catholiques était, pour une semaine, de 17 heures et 13 minutes. Ce temps d'antenne était réparti comme suit entre les stations du diocèse. CKAC, comme on pouvait s'y attendre, arrivait au premier rang avec quatre heures et vingt et une minutes d'antenne religieuse. CJMS, deuxième avec quatre heures et dix-sept minutes. CKVL, le poste qui avait soulevé l'ire du clergé de Verdun, avait vite récupéré la confiance des religieux grâce à ses quatre heures et quinze minutes, tandis que CBF ofrait quatre heures et cinq minutes d'émissions religieuses par semaine alors que CKLM, née dans le courant de la «Révolution tranquille» ne cédait qu'un quart d'heure hebdomadaire.

Dans le diocèse de Québec, le total du temps alloué aux émissions religieuses catholiques était encore plus impressionnant.

Trente heures et deux minutes par semaine, réparties comme suit: CKLD, Thetford Mines, cédait 7 heures et cinquante-neuf minutes, CHRC, Québec, six heures et neuf minutes, CKRB, Saint-Georges de Beauce, cinq heures et quarante-neuf minutes. La station CBV de Radio-Canada à Québec ouvrait ses micros aux religieux pour l'équivalent de quatre heures et dix minutes, tandis que CKCV cédait trois heures et vingt-cinq minutes, et CJRP (auparavant CJLR) deux heures et demie.

En 1970, une tradition, vieille de 19 ans, s'éteignit au Québec où jamais plus on n'entendrait dire à la radio de CKAC: «Une famille qui prie est une famille unie.» L'année 1970 nous apprend que la programmation religieuse est battue en brèche. Seul CBF-FM résiste et offre encore des émissions à caractère chrétien. CKAC a délaissé son *Chapelet en famille*. CKVL a pris ses distances vis-à-vis du clergé, bien que le poste de Verdun soit très près de l'abbé André Lamoureux, de l'Archevêché, et que celui-ci se voit offrir occasionnellement du temps d'attenne. Mais ces offres se manifesteront à l'occasion de Noël, de Pâques ou plus particulièrement lors du Vendredi Saint. Pour sa part, CJMS a fermé ses ondes à l'Église de Montréal depuis *Le Bon Dieu en taxi*, et CKLM s'intéresse peu ou pas à la religion. On peut même déduire que les tenants de la «religion radiophonique» font partie de ce qu'il est convenu d'appeler «l'auditoire vieillissant».

La Commission de la radio et de la télévision de l'Office des communications sociales a publié, à la demande de certains évêques inquiets, désireux de connaître leur rayonnement sur les ondes hertziennes, un rapport qui révélait une baisse dramatique de leur popularité et aussi de celle du *Chapelet en famille,* ce qui confirmait la raison de CKAC d'agir de la sorte en septembre 1970. «Ce désintéressement progressif s'observait tant dans la métropole qu'en province, de dire le rapport. C'est l'allure routinière et le vieillissement de la formule qui auraient chassé les radiophiles en quête de renouvellement[18].» L'inquiétude des évêques était donc justifiée!

Jean-Paul Belleville, de l'Office des communications sociales, présentait plus tard les résultats partiels d'une autre enquête entreprise pour les diocèses de Montréal et Québec. On voulait faire le point sur la situation des émissions religieuses radiodiffusées et télévisées au Canada français.

A la lumière de ce document, on se rend vite compte qu'il ne s'agit que de résultats partiels puisque les informations transmises sont souvent incomplètes et que, d'autre part, certains diocèses n'ont pas daigné répondre à l'enquête. Cet exemple illustre bien les difficultés que rencontre l'Office.

Néanmoins, ce résultat fragmentaire jette un certain éclairage sur la production des émissions religieuses. Encore une fois limitons-nous à Montréal et Québec. Le rapport tend à démontrer que, plus on avance dans le temps, plus la présence religieuse diminue sur nos ondes. Le rapport de 1972-73 fut désarmant! Dans le diocèse de Montréal, le total des émissions religieuses se résumait à cinq heures et cinquante minutes par semaine. Seuls deux postes offraient encore des émissions du genre, CBF et CKVL avec quatre heures cinquante minutes et une heure respectivement.

Dans le diocèse de Québec, trois postes offraient encore des contenus religieux pour un total de cinq heures et vingt-cinq minutes par semaine. CKCV avec cinq heures et cinq minutes et CJRP avec vingt minutes hebdomadaires.

1. BAULU, Roger, *CKAC, Une histoire d'amour,* Éditions Stanké, 1982.

2. Histoire du Québec contemporain.

3. *Ibid.*

4. Jacques Cousineau, S.J., sociologue et auteur de nombreux documents sur les médias. Entrevue réalisée le 6 avril 1978.

5. *Ibid.*

6. Documents d'archives fournis par Radio-Vatican.

7. *Ibid.*

8. *Semaine religieuse,* 24 septembre 1931.

9. R. Rumilly, entrevue réalisée le 24 février 1978.

10. *Semaine religieuse,* 24 septembre 1931.

11. Documentations fournies par l'Office des Communications sociales.

12. ARCHAMBEAULT, Dr, cité dans *L'Aventure de la radio au Québec.*

13. *Mémorial du Québec,* Éditions la Société du Mémorial, 1980.

14. PROULX, Gilles, thèse de maîtrise en communication, Université Susan B. Anthony, St. Louis, Missouri.

15. Congrès national des radiophiles catholiques, archives de l'Office des communications sociales.

16. Entrevue accordée par feu Émile Legault, avril 1978.

17. Entrevue accordée par le père Réal Hogue, ex-animateur à CJMS, juillet 1984.

18. Rapport statistique publié par l'Office des Communications sociales; voir aussi *L'Aventure de la radio au Québec,* Éditions La Presse, septembre 1979.

Chapitre 7

La radio s'intéresse aux sondages...

Comment «sonder» les auditeurs?

Quatre fois par année, les résultats d'un sondage plus ou moins sporadique sont transmis aux propriétaires de toutes les stations de radio et de télé canadiennes, et ils ont souvent, hélas, valeur de «diktat»... En effet, combien sont nombreux ces animateurs qui, au lendemain d'un résultat défavorable du BBM (Bureau of Broadcasting Measurement) ont dû céder leur place à d'autres coureurs pour voir si, par hasard, le prochain «cheval» n'aurait pas plus de chance. Ainsi, à CKVL, pas moins de 37 animateurs ont défilé en dix ans aux heures matinales de cette station et aucun d'entre eux n'est parvenu à faire grimper convenablement la cote d'écoute de ce poste depuis l'époque où Yvon Dupuis et Frenchie Jarraud ont occupé ses studios.

Le BBM a eu pour effet d'amener les propriétaires à inventer de nouveaux formats radiophoniques et ainsi augmenter ou diminuer leur cote. La radio, on ne vous apprend rien, consacre la plupart de son temps au divertissement à travers les chansons et les annonces publicitaires. Mais attention, cette publicité n'est pas octroyée au premier venu. C'est à partir du «bulletin de santé» du BBM, ce recenseur des populations radiophiles, que les commanditaires déterminent la teneur de leurs messages, les postes qui les diffuseront, à quelles heures et à quel prix. La concurrence, il va sans dire, est énorme. Et quoi faire quand des postes de radio, comme CBF ou CFCF, appartiennent déjà à des télés et que celles-ci font la promotion de ces radios à plein écran?

Dès 7 h 45 du matin, le tiers du Québec se met à l'écoute de la radio: c'est l'heure fétiche, l'heure de pointe où la publicité se vend jusqu'à 250 $ les trente secondes dans les gros postes parmi lesquels se rangent CKAC, CKOI, CKVL, CKMF, CHOM, CJMS à Montréal et CJRP et CHRC à Québec.

Durant la période de sondages, les postes de radio
prennent les grands moyens pour grossir leur
auditoire. *(Photo CKVL)*

Or, CKAC a approximativement un million d'auditeurs,
CKVL 440 000 et CJMS 500 000.

En 1970, 78 stations privées québécoises se sont partagé des
recettes de 55 millons de dollars. Là-dessus, les deux réseaux privés
du Québec, Radiomutuel et Télémédia, ont raflé 20 millions de dollars. En 1983, près de 500 millions avaient été consacrés à la publicité radiophonique au Canada. C'est donc dire que l'enjeu est
important.

Les résultats du BBM sont aux radios ce qu'est le sondage ABC
aux journaux ou autres périodiques. Avec de bons sondages, on
impose de nouveaux prix. Demandez à CKAC ce que valent les sondages? Une réclame de trente secondes atteint 300 $ comparative-
ment à 100 $ à CKVL. C'est sérieux, un poste de radio en chute libre
peut perdre un million de dollars, annuellement, par tranche de
100 000 auditeurs en moins. Un diffuseur à qui nous demandions ce
qu'il pensait des résultats du BBM a rétorqué: «Écoutez, avec le
BBM, c'est celui qui paye le plus qui en a le plus... plus je vous paie-
rai pour que vous me disiez combien je suis beau et bon, plus vous
me direz que je suis beau, bon, fort...» Tiens, tiens, tout le monde il
est beau, tout le monde il est bon, tout le monde il est gentil... «Le
BBM, d'ajouter mon truculent propriétaire, c'est comme ça que ça
marche, chaque diffuseur paye en proportion de son tarif publicitaire puisque vous avez affaire à une coopérative où chaque poste
contribue selon le prix de sa publicité.» Il y a un peu de vrai
là-dedans, mais il ne faudrait tout de même pas charrier, car les son-

dages du BBM sont tout aussi scientifiques que n'importe quel autre sondage.

Parlons d'abord de l'importance de la radio dans la vie des gens. La radio aime ses radiophiles parce qu'elle sait que les Canadiens sont de «gros» consommateurs de radio. Au moins 99% d'entre eux ont un récepteur AM ou FM. Bien plus, 40% en ont au moins trois! Par ailleurs, 93% des sept millions de voitures circulant au Canada sont équipées d'une radio. Le pays est tout simplement saturé, inondé par les ondes. Il y, a en effet, sur le territoire fédéral, 410 postes AM et 312 FM ce qui conduit à une moyenne de trois postes par 100 000 foyers.

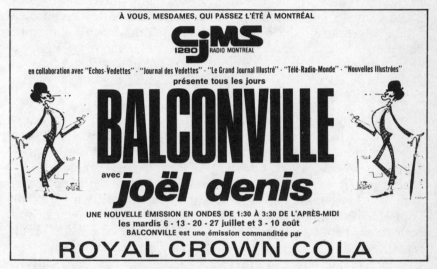

Il fut une époque où CJMS privilégiait les journaux pour s'attirer des radiophiles. *(Photo CJMS)*

Seulement au Québec on dénombrait, au 31 mars 1984, pas moins de 75 postes AM et 65 FM. Cet attachement à la radio peut s'expliquer par le fait qu'elle est le média qui vous réveille et vous accompagne à votre lieu de travail en vous annonçant, par exemple, qu'un tremblement de terre vient de secouer, il y a deux minutes, la ville de Bogota et qu'il y a quelques instants l'évêque de Rome était victime d'un attentat.

Média de l'instantanéité par excellence et média de service. Cependant, un gros nuage semble noircir l'avenir de la radio privée ou plus exactement une certaine radio aux moyens limités. Une étude du ministère des Communications du Québec révélait lucidement qu'en sept ans le nombre de stations déficitaires avait doublé.

Nous sommes loin de l'époque du Rapport Davey où on affirmait, en 1970, que les radios étaient des «machines à imprimer les piastres...» Que faut-il donc faire? Déclarer faillite? Renforcer les réseaux actuels ou créer de nouvelles chaînes nationales ou régionales? En tout cas, des solutions visant à réduire certains frais de programmation et d'administration devront être trouvées. Les exemples des «ex-géants» de CKVL et de CJMS à Montréal et de CHRC à Québec sont assez frappants à ce sujet. À Québec, CHRC a vu des départs d'employés qui ont grandement détérioré la réputation de ce poste. Numéro un pendant longtemps au palmarès des sondages, CHRC a laissé partir vers CJRP un animateur vedette, André Arthur; départ qui dans les résultats du BBM a eu des conséquences. Puis, CJRP a occupé le premier rang avec une moyenne au quart d'heure de 392 000 auditeurs. Ce succès, CJRP le doit en partie à l'un de ses dirigeants, Me Jacques Duhamel, qui grâce à son esprit de «gagnant» a fait passer le poste de la cinquième place à la première, jusqu'au mois de septembre 1984, alors que les Arthur et Duhamel se portent acquéreurs de CHRC qui, du soir au matin, reprend la faveur populaire.

À CJMS une série de changements trop brusques et surtout la versatilité de son «management» se sont répercutées en ondes et ont ainsi diminué le goût des auditeurs pour ce poste pourtant si puissant jadis. Aujourd'hui, CJMS, avec l'arrivée des Beaulne, Beauchamp et Brière, redevient un redoutable concurrent. À CKVL, un manque d'originalité dans l'adaptation de sa programmation aux goûts des générations nouvelles a suscité à peu près les mêmes problèmes qui se sont aussi réflétés au niveau des cotes d'écoute. Résultat! CKAC a su le mieux profiter de la faiblesse de ses concurrents. Comme vous le voyez la guerre est rude. Mais elle l'est, en fait, depuis 1959, année où toutes les stations radiophoniques se sont finalement abonnés à cet organisme de sondage. Et pourtant, le BBM existe depuis 1944.

Tout a commencé à Ottawa

L'apport que constituait la publicité a donc amené la création de cet organisme de sondage. Oh! avant la naissance du BBM, il existait des organismes qui fabriquaient des sondages, mais ils n'avaient pas une portée comparable à ceux du BBM, parce que moins élaborés.

Comme la radio, à la faveur des années de la guerre, s'était éparpillée un peu partout en province et que l'ensemble du territoire semblait bien «couvert» par les ondes, on commença alors à parler un peu plus sérieusement d'évaluation de l'auditoire de chacune des stations. Lors d'un congrès à Ottawa de l'Association des annonceurs canadiens une résolution fut adoptée en vue de former un comité qui verrait à faire des suggestions pour que soit créé un organisme de sondage. Quelques mois plus tard, l'Association canadienne des radiodiffuseurs donna son appui au projet. «En fait, c'est un petit groupe de propriétaires des postes de radio de Toronto qui lança l'idée de créer cette coopérative. Ces Torontois avaient déjà, avant 1944, commencé à 'sonder' en soirée les auditoires des différents postes de la Ville reine. Chacun d'entre eux faisait ensuite son bilan et son analyse comparative», de nous apprendre Gérard Malo, du BBM-Montréal[1]. En un mot, on voulait connaître la force de chacune des stations afin de pouvoir «facturer» en conséquence la publicité diffusée. Toujours en 1944, à la suite d'études du comité des radiodiffuseurs, on fonda le Bureau of Broadcasting Measurement, familièrement connu sous le nom de BBM. D'après David Adams, l'historien de cette maison, les résultats du premier rapport BBM classaient, à Montréal, CKAC en tête des cotes d'écoute avec un auditoire-semaine de 126 700. CBF suivait avec 122 000 auditeurs, CHLP avec 67 000, CFCF, 56 000 et CBM avec 10 000[2]. Durant la décennie cinquante, CKAC a un fer de lance! Son émission *Le Chapelet en famille* est tellement populaire que CBF se voit forcé de déplacer *Un homme et son péché* de 19 h à 19 h 15. Les sondages l'exigent.

Avant la mise sur pied de cette agence, les diffuseurs effectuaient leurs propres sondages via le courrier ou le téléphone, bien que ce dernier instrument ne fût pas encore tellement répandu. Louise Lachapelle, de l'Université de Montréal, croit, pour sa part, qu'il y a eu de nombreux sondages avant la naissance du BBM en 1944, mais aucun n'était aussi systématique que ceux du BBM.

Finalement, ce n'est qu'en 1959 que l'ensemble des postes s'abonnèrent, par le biais d'une contribution, à cette agence qui, en réalité, est une coopérative. Gérard Malo explique ce retard des postes à s'abonner au BBM au fait que, jusque-là, les résultats d'enquête ne tenaient pas tout à fait compte des auditoires régionaux. «En un mot, notre méthode d'enquête ne pouvait pas être la même à Montréal qu'à Chicoutimi ou Matane.»

Mais comme pour tous les sondages, il y en a pour tout le monde et chacun a sa façon d'interpréter le résultat en sa faveur.

Les profils d'écoute publiés par BBM portent sur un échantillonnage type réparti sur tout le territoire des postes de radio. Ces résultats, assez élaborés, indiquent les variations d'écoute aux quarts d'heure, à la journée et à la semaine, face à la concurrence. C'est ainsi que les points obtenus permettent aux stations de déterminer le prix de la publicité. Pour BBM, le territoire canadien est segmenté en 370 cellules. À partir de chaque cellule on isole 10 grou-

pes selon l'âge et le sexe. Une lettre envoyée aux personnes sélection-
nées expliquant le sondage accompagne le cahier d'écoute. De plus,
la somme de 1$ est fournie à l'élu en guise de compensation pour sa
démarche. «50% des cahiers sont retournés à BBM-Toronto», de
spécifier Louise Lachapelle. «Une fois les réponses reçues, BBM se
charge de faire une première vérification manuelle puis transfère ses
données sur disquettes. Les résultats sont ensuite envoyés aux responsables des postes radio et, comme dans tous les sondages, il y a
place pour l'interprétation[3].» En un mot, gagnant ou pas, il existe
toujours un sujet de consolation. Par contre, un poste qui perd
200 000 auditeurs d'un sondage à l'autre trouvera difficilement pre-
neur auprès des grandes agences de publicité.

Par ailleurs, certains reprocheront au BBM de ne pas avoir
changé sa méthode de consultation depuis le début de son existence.
À cela, Gérard Malo rétorque que «ses méthodes» changent d'une
consultation à l'autre. «La montée des stations FM nous a obligés à
modifier nos cahiers d'écoute. Il est clair qu'aujourd'hui une jeune
fille n'écoutera pas nécessairement la même station que ses parents.
De cela il faut tenir compte...» Un autre point, que BBM ne
retient pas, c'est que son bulletin, lorsqu'il arrive dans un foyer,
n'est pas nécessairement rempli par la personne qui le reçoit, mais
par la «teenager», le voisin ou un ami qui fausse le résultat recher-
ché. Autre question, où sont envoyés les bulletins? S'il y en a trop
d'expédiés vers Outremont, c'est presque certain que CBF va obtenir une récolte démesurée. Si on en expédie trop vers les maisons
d'accueil, CKVL sera avantagé. Il y a lieu de se demander si BBM ne
devrait pas respecter la division du territoire de Montréal en 25 sec-
teurs plutôt que de le segmenter en deux comme on l'a fait lors de
l'hiver 1985, la pondération n'étant plus la même. Par contre, BBM
ne dit pas pourquoi les gens écoutent tel poste par rapport à tel
autre. Là on pourrait répondre que le format de la programmation
de CKAC par rapport à celui de CKVL est une réponse au pourquoi!
Mais un rival, depuis ces deux ou trois dernières années, commence
à menacer la suprématie de la maison BBM: Birch Radio. Cet organisme de sondage qui existe aux États-Unis depuis une dizaine d'années s'est implanté à Toronto il y a deux ans. Ce qui distingue Birch
de BBM, c'est sa méthodologie. Birch ne se limite qu'à la radio alors
que BBM alterne de la radio à la télé. BBM agit avec des cahiers de
consultation (qui ne sont pas toujours remplis par les gens choisis)
tandis que Birch utilise le téléphone. Cette approche lui permet un
taux de coopération de 65% comparativement à 40 ou 50% pour
BBM. La maison BBM consulte ses auditoires quatre fois par année
et souvent ses bulletins sont «piqués» par les postes de radio, tandis
que Birch consulte son monde deux fois par mois et, répétons-le, au
téléphone seulement[4].

Les sondages ont-ils bouleversé la radio? Plusieurs pensent que oui. Il y a même lieu de se demander s'ils n'ont pas contribué, à cause de l'arrivée de la télé, à mettre fin à l'écoute collective. En effet, le transfert des radio-romans à la télévision a obligé les postes à se redéfinir. Le hit-parade et les radios-transistors aidant, on s'est aperçu que les stations les plus «américanisantes» ont rapidement décroché la faveur populaire, et notamment celle de la jeunesse... L'écoute de la radio a commencé à devenir beaucoup plus individualiste, mettant même un terme à l'audition en famille. Jamais auparavant nous n'avions entendu les sottises auxquelles les stations nous ont vite habitués. La concurrence effrénée au titre de «poste le plus écouté» a entraîné chez bon nombre de diffuseurs le goût de la facilité et surtout l'exploitation de l'émotion, qui permet de rejoindre le plus d'adeptes possible. Et tout cela a commencé durant les années cinquante.

La décennie cinquante est celle de l'américanisation des ondes. Le phénomène Presley bouleverse l'industrie du disque et, à travers ce courant véhiculé par CKVL et CJMS, CKAC échappe difficile-

À CKAC, Jacques Proulx, l'animateur no 1, rassemble les grands noms de la chanson, une autre façon durant les sondages d'aller chercher un auditoire. *(Photo CKAC)*

ment à la règle. Les sondages avivent la concurrence. En plus de CBF, de CFCF et de CHLP, plusieurs postes privés sont arrivés dans la course à Montréal: CKVL et CJAD. On se dispute le plus gros auditoire. CKAC continue, malgré tout, de dominer la scène jusqu'à la fin des années cinquante, avec une moyenne de 1 056 408 auditeurs. Ce poste ne répétera cet exploit qu'en décembre 1975.

En 1957, Mme A. Du Tremblay, président de *La Presse,* signe un document autorisant la construction d'un nouveau transmetteur de 50 000 watts à Saint-Joseph-sur-le-Lac. Mars 1958, CKAC conserve encore la tête du peloton. Claude Lapointe et Jacques Morency rehaussent la qualité de l'information, élément d'importance pour de bons résultats de cote d'écoute. À la même époque, Robert L'Herbier et Rolande Desormeaux sont les nouvelles vedettes du disque canadien. Parallèlement à CKAC, CJMS et CKVL font de la radio américanisante. La vague est incroyable! C'est durant cette période que ces chanteurs qui avaient fait pleurer nos mères virent leur carrière prendre un tournant imprévu. Aimé Major, André Lejeune, Colette Bonheur, Aglaé, Paolo Noël en savent quelque chose.

Jacques Duval, l'un des rares animateurs à Montréal à faire la promotion du disque de chez nous durant les années cinquante.
(Photo CKVL)

Et 95% des acheteurs de radios-transistors étaient des jeunes. Or les jeunes, avec leurs transistors, Made in Japan, suivaient le hit parade Made in USA!

C'est presque par charité que CKVL diffuse, tard en soirée, une petite demi-heure intitulée *Au club du disque canadien* qu'anime Jacques Duval.

En 1961-62, la radio est complètement transformée. D'abord toutes les stations sont abonnées à BBM. Elles veulent connaître leur potentiel! le rôle de celle-ci est de divertir, et presque seulement divertir, ou encore de divertir tout en informant davantage. 1962 est une année record en France, pour la vente des appareils-radio. «Au cours de cette année-là, les Français achetèrent 2 500 000 appareils. De ce nombre, 2 250 000 étaient des radios-transistors», de souligner Louis Merlin, ex-directeur d'Europe[5]. Et s'il y a un pays dont les ondes sont américanisées c'est bien la France.

Ici, toujours au cours de cette année, on note que CJMS est extrêmement populaire mais, chose bizarre, CKAC se maintient encore en tête. Un homme identifie cette station: Jean Duceppe qui, à lui seul, suscite une prise de conscience auprès des Canadiens français. C'est un précédent! N'oublions pas cependant que nous sommes au début de la «Révolution tranquille», amorcée par l'équipe Lesage. Tous les jours, l'animateur de l'émission *du Pep avec Duceppe* vient sensibiliser les francophones de Montréal aux plus brûlantes questions de l'heure... 1962 voit également naître une concurrente de CKAC: CKLM. Cette dernière emboîte le pas dans le mouvement nationaliste, par opportunisme peut-être, et œuvre à sensibiliser les Québécois à leur identité.

Des nationalistes tels Jean-Marc Brunet, Pierre Chouinard, Jean Duceppe et Jean-Pierre Coallier donnent une saveur québécoise au nouveau poste... Cette politique lui amena un certain succès, car il enregistra des cotes assez enviables. Cela était tellement évident que CKAC perdit, à ce moment, sa première position et s'est mis à glisser vers les deuxième, troisième et quatrième places, derrière CKVL, CJMS et parfois même CBF!

Comme la radio se veut un instrument d'«évolution», elle ne peut se permettre d'oublier ces milliers de gens qui doivent demeurer à la maison. Elle aborde donc les questions de l'heure avec son auditoire. Celui qui fut le premier à céder le micro, via le téléphone, à des radiophiles de CKAC est Roger Lebel. C'est, en effet, à la fin des années cinquante que l'animateur répandit cette «contagion» qui eut des répercussions heureuses, puisque ces styles d'émissions permirent à des personnalités politique, syndicale et autres d'être les invitées de ces animateurs. La radio n'est donc plus un «no man's land» où seul l'animateur peut avoir l'exclusivité du raisonnement. Le «hot-line» devient en quelque sorte le pendant de la section: «Parole aux lecteurs» de nos quotidiens. Cependant, le hot-line comporte de graves inconvénients, mais en termes des cotes de popularité dans les sondages il constitue un fer de lance. Bref, on reproche à l'animateur de monopoliser plus de 50% du temps d'antenne pour exprimer ses opinions au lieu de laisser parler les gens. De plus, le «hot-line» permet souvent d'offrir en spectacle les problèmes des citoyens. La radio devient souvent un confessionnal public. L'insulte à distance est devenue coutume. Bien que nécessaires, ces émissions comportent de graves inconvénients. Faute de directives et de rigueur intellectuelle de la part des diffuseurs, elles ont contribué, plus souvent qu'à leur tour, à diminuer le niveau général de la radiodiffusion.

Mais force est de constater, à la lumière des sondages, qu'à CKVL on a décroché la tête du peloton grâce à cette formule. Et cette formule provenait de New York et c'est encore Jack Tietolman qui l'importa de la métropole américaine pour l'exploiter à outrance. Mme X fracassera des records d'écoute! Fini, les hit-parade à CKVL, et vive la parlotte!

Le temps passe et quatre événements majeurs se produisent au Québec en 1967: l'Exposition universelle, la visite du général de Gaulle, le départ du cardinal Paul-Émile Léger et la fondation du Mouvement Souveraineté-Association par René Lévesque.

CKAC a transféré ses studios de l'autre côté de la rue Sainte-Catherine, toujours à l'angle de Metcalfe. Le poste connaît alors de sérieux bouleversements. Depuis quatre ou cinq ans, la concurrence de CKVL et de CJMS lui faisait mal. Le style populiste adopté par ces deux stations a raison de CKAC, plus puritaine. De plus, CKLM est dans le paysage depuis 1962 et sa programmation ressemble étrangement à celle de CKAC. Bon nombre d'auditeurs sont passés à CKLM avec quelques-uns de ses anciens animateurs dont entre autres, et non le moindre, Jean Duceppe. À cela n'oublions pas que deux des fondateurs de CKLM, Mario Verdon et Guy D'Arcy, avaient aussi fait leur apprentissage à CKAC. Le poste de *La Presse* a perdu son titre de «Numéro UN du Québec». Pendant ce temps, CKVL atteint son apogée en 1968, suivi de CJMS, véritable station des jeunes. Le hit-parade américain demeure à l'enseigne de la station de la rue Berri.

En 1969, Philippe de Gaspé Beaubien acquiert CKAC et plusieurs stations en province dont CHLT, Sherbrooke et CHLN, Trois-Rivières. Fini le poste de *La Presse*. Ce sera un nouveau départ, sous la gouverne du puissant groupe Power Corporation.

De très artisanale qu'elle était en 1922, CKAC devient la maison mère d'un impressionnant réseau de postes de radio. L'ensemble du territoire québécois est donc couvert par ce nouveau réseau. Que ce soit à Hull, Sherbrooke, Trois-Rivières ou Rimouski, toutes les stations de Télémédia doivent modeler leur programmation sur celle de la maison mère. Cela est très valable à certains points de vue, mais cette «sonorisation générale» en provenance de Montréal tuera toute forme de radio régionale à laquelle les populations des villes de taille moyenne s'étaient habituées. Paul-Émile Lamy du CRTC rappellera, par contre, que cette rationalisation des services «aura permis aux travailleurs des salles de nouvelles de province, de mieux se consacrer aux affaires publiques de leur patelin».

«Après s'être défait de 'sa fille', *La Presse* cessera de publier l'horaire des programmes de CKAC, ce qu'elle avait fait tous les jours depuis quarante sept ans», de souligner Roger Baulu.

En septembre 1970, signe des temps, on retire de l'horaire, après dix-neuf ans à l'antenne, l'émission *Le Chapelet en famille,* longtemps la plus écoutée. Cette décision laisse prévoir une nouvelle orientation qui permettra de reconquérir la première position au palmarès du BBM. Des centaines d'auditeurs protestent, mais la nouvelle direction tient à rajeunir l'auditoire. Encore une fois, on peut mesurer toute l'importance de la concurrence depuis que toutes les stations sont abonnées à BBM.

Après une longue période d'adaptation, CKAC réussit à se fabriquer un nouveau visage. Et le succès, CKAC le doit à deux hommes en particulier: Paul-Émile Beaulne et Roch Demers qui passent de CJMS à CKAC. L'imagination de Beaulne et l'agressivité commerciale de Demers remettent, en un temps record, CKAC sur la voie de la fortune. L'opération rajeunissement fut un succès! 1970 marque aussi la publication du Rapport Davey. Dix-huit mois de recherches et d'auditions. Ce rapport qui nous révèle l'état lamentable de nos médias fait appel à la population pour les «soigner». Et pourtant, les marabouts et médecins n'ont pas encore réussi!

En 1972, récompenses de ses nombreux efforts, le poste CKAC reçoit un prix international pour l'excellence de son travail dans l'affaire Cross-Laporte. Et voilà que ça se reflète dans le BBM de l'automne suivant!

Aujourd'hui, avec les nouveaux contenus exigés par le CRTC, la bande AM s'est «désaméricanisée»..., mais il aura fallu peu de temps à BBM pour nous annoncer la réapparition, sur la bande FM du «diable américain». Et celui qui fait la fureur des discaires et des radios n'est plus Presley, mais Michael Jackson. À lui seul, en moins de deux ans, il aura abaissé les records de vente de Presley et des Beatle réunis! Nul doute qu'une certaine radio à succès a contribué au développement de ces phénomènes disco, rock et hard-rock. CKOI a déjà battu CKAC. CKOI avec ses 999 400 auditeurs, CKMF qui accaparent 618 400 radiophiles et la non moins américanisée CHOM avec 644 500 auditeurs (BBM, hiver 85). La morale de cette histoire: BBM et musique US vont de paire. Alors, dans ces conditions, que valent les efforts d'un Jean-Pierre Coallier à CIEL ou d'une Colette Chabot à CIME?...

Quant à CKAC, cette grande pionnière des ondes françaises, elle connaît encore aujourd'hui, malgré une incroyable concurrence, des cotes on ne peut plus enviables. En réalité, ses centaines de milliers d'auditeurs lui demeurent fidèles parce que CKAC est fidèle à elle-même, c'est-à-dire serviable. L'actuel objectif de CKAC? Devenir non seulement la station la plus écoutée du Québec, mais du Canada! Et on peut dire qu'elle est à peine à quelques dizaines de milliers d'auditeurs de sa concurrente torontoise, CFRB la sœur de CJAD de Montréal. Voilà un phénomène intéressant pour BBM!

Mais comme on le sait, autre temps, autres mœurs! La fin de semaine, de plus en plus d'auditeurs décrochent de la bande AM et se réfugient dans le disco, le rock ou le classique du FM. Est-ce à dire que les AM doivent fermer boutique en week-end? Que celui ou celle qui a de l'imagination s'amène!

Pierre Pascau anime *L'Informateur*, une émission qui fracassera les records d'écoute. *(Photo CKAC)*

1. MALO, Gérard, responsable du bureau BBM à Montréal, entrevue téléphonique le 16 mars 1984.

2. ADAMS, David, BBM - Toronto. Entrevue le 16 mars 1984.

3. Louise Lachapelle, professeur en communication à l'Université de Montréal, entrevue téléphonique le 15 mars 1984.

4. «BBM a un rival: Birch Radio», Pierre-O, Nadeau, *le Soleil*, 25 mai 1985.

5. MERLIN, Louis, ex-directeur d'Europe I, *Le vrai dossier de la télévision,* Hachette, 1962.

Chapitre 8

L'influence des médias anglophones sur les nôtres...

La radio anglaise au Québec: toujours en position de force

La radio anglaise dans la région métropolitaine, et même dans le Québec en général, demeure en position avantagée par rapport à sa représentativité. Oh! bien sûr! le CRTC a mis un terme à sa croissance démesurée, mais cela ne l'empêche pas d'être sur-représentée. Bref, elle demeure le bastion du colonialisme britannique en Amérique du Nord. C'est en quelque sorte son porte-voix officieux de façon qu'elle rapporte fidèlement la ligne de pensée des Anglais du Québec. Et depuis 1976, date d'arrivée au pouvoir du Parti québécois, elle a en quelque sorte agi comme dans une mission de combat. Il faut avoir écouté les nombreuses émissions d'affaires publiques de CFCF et de CJAD pour voir jusqu'à quel point cette radio s'est permis bien des charriages. Les réprimandes du CRTC et de la population à l'égard de CFCF lors de la déposition des lois 22 et 101, et le 8 mai 1984 lors de la tuerie à l'Assemblée nationale suffisent!

Tantôt acerbe, tantôt roucoulante, tantôt railleuse, tantôt flatteuse, c'est selon que le vent souffle de Toronto ou de Vancouver, d'Ottawa, de Washington ou du West Island. Elle se laisse souvent ballotter par la vague plus ou moins houleuse de la révolution «plus ou moins tranquille» ou du règne animé «plus ou moins bruyamment» au Parti québécois. Elle choisit ses pions et les appuie à fond, sans crainte de discriminations venant du premier ministre en fonction, comme cela fut le cas en septembre 1968. Nous en reparlerons plus loin. Elle choisit aussi ses pieux et leur tape sur la tête jusqu'à ce qu'elle ait obtenu la dernière goutte de publicité qui lui rapportera les commandites qui la font vivre grassement. Si à certaines heures du début des années soixante-dix elle attirait à ses antennes près de 30% des francophones, on note qu'au fur et à mesure que nous progressons dans ce Québec apparamment «viscéralement» français, que ses cotes augmentent encore. Près de 100 000 anglophones auraient quitté le Québec, mais ses cotes poursuivent leur ascension. Il en est ainsi du quotidien *The Gazette,* autre média à vocation messianique.

Cette position avantageuse, il va sans dire, elle le mérite plus souvent qu'autrement car, en général, elle est plus compétente que la radio privée française. Il faut dire qu'elle bénéficie d'une affiliation directe avec les grands réseaux américains et canadiens qui sont fréquemment alimentés par CBS, NBC, ABC et CTV, quand ce n'est pas par la prestigieuse BBC de Londres. La radio anglaise d'ici, c'est un peu l'armée israélienne... si on peut faire une comparaison. Elle a ses armes, sait s'en servir et démontre son efficacité.

Elle regroupe aussi, à l'intérieur de réseaux privés, de nombreux talents qu'elle n'aurait pu se permettre d'obtenir si elle était demeurée isolée. C'est une idée qui a pris forme chez les radios francophones beaucoup plus tard, hélas! Mais combien sont plus limités les moyens quand on rayonne sur un potentiel de six millions d'individus alors qu'il y en a 230 millions de l'autre côté de la frontière linguistique. Elle ne manque donc pas de vitalité, mais elle manque souvent d'objectivité la plus élémentaire. Ses moyens sont plus grands quand on entend un animateur de CBM ou de CJAD téléphoner à Beyrouth, à Ryad ou à Tripoli, et parler avec Yasser Arafat, Kadhafi et compagnie alors que l'animateur Louis Martin, de CBF, devra se contenter, barrière linguistique oblige, d'échanger avec un journaliste de l'AFP à Beyrouth, Ryad ou Tripoli. C'est là toute une différence en termes d'impact! Par contre, son objectivité est défaillante lorsqu'elle agit sur notre territoire, comme si elle était la radio d'un avant-poste. De là mon exemple avec l'armée israélienne qui est en quelque sorte celle qui agit à l'avant-poste des États-Unis au Moyen-Orient. Elle manque d'objectivité lorsqu'un animateur à CFCF amorce une campagne de haine contre une timide loi linguistique du gouvernement Bourassa. Elle manque d'objectivité lorsqu'elle traite le gouvernement démocratiquement élu du Parti québécois de toutes les plaies d'Égypte. Elle manque d'objectivité lorsqu'elle s'interroge sur la venue possible d'un gardien de buts soviétique à Montréal et pose la question: «Comment va-t-il faire pour vivre dans un monde aussi 'libre' que celui de l'Amérique?» et que le même journaliste ajoute que la transition, à bien y penser, ne sera pas si brutale qu'on pense pour M. Trétiak, puisque nous avons ici le Parti québécois...

Bref, la radio anglaise du Québec, et particulièrement celle de Montréal, se débat en territoire conquis et on pourrait croire qu'elle y était déjà quand Wolfe et Montcalm ont rendu l'âme. Pourtant, elle n'est pas si mauvaise que ça, professionnellement parlant. Au

146

contraire, elle est très intéressante. Par exemple, CFCF, qui s'adresse surtout à la population âgée de Montréal puisque ses efforts de rajeunissement se sont avérés infructueux et onéreux, fait beaucoup d'information. Elle se donne même une «certaine conscience» en invitant plus souvent qu'à leur tour les Pierre Bourgault et Reggie Chartrand, mais à la condition que ces deux «bons ex-indépendantistes» tapent régulièrement sur la tête de Lévesque. Ça s'appelle faire faire son job par personne interposée.

À 800 kc, CJAD est sans conteste la meilleure radio à Montréal. Elle fut fondée en 1946 par un Canadien français, J. Arthur Dupont, lequel est décédé en 1969.

Devenue la propriété de Standard Broadcasting de Toronto, elle est affiliée au fameux réseau NBC et au réseau Standard, ce qui lui donne une bonne avance dans le domaine de l'information.

Depuis le début des années soixante-dix, elle prend une part active dans la société québécoise. Bien sûr, elle n'est pas neutre, d'ailleurs elle est assez pragmatique pour savoir qu'elle a besoin des francophones à son antenne pour pouvoir «facturer» les agences de publicité qui la font vivre assez généreusement. CJAD est la station de prestige. Sa programmation, facile à écouter, comprend surtout de la musique avec d'excellents disc-jockeys et de l'information 24 heures sur 24. Pour Bob Quinn, directeur de l'information, il n'y a pas trente-six manières d'informer et d'être efficace: il faut être partout à la fois. S'il se passe un événement local d'importance, ce sera la première nouvelle traitée. Sa salle des nouvelles fonctionne à l'intérieur de quatre blocs-horaires et quatre chefs de pupitre différents y travaillent. Chacun d'eux détermine l'ordre des nouvelles à traiter. Ce qui importe pour Quinn, c'est que chaque bulletin contienne des reportages en direct, à savoir du «son» provenant des lieux de l'événement. Selon lui, la nouvelle est un des ingrédients les plus importants de la programmation de CJAD, ce qui hélas! n'est pas l'opinion de beaucoup de diffuseurs francophones. Bob Quinn prétend que les Montréalais accordent un plus grand intérêt à l'information que les Torontois. Il y a certainement du vrai là-dedans! Les stations CJAD et CKAC sont les deux postes canadiens où il se vote les plus gros budgets pour couvrir l'information.

En effet, à écouter *The World Today* à CJAD ou *Dimensions* à CKAC, on comprend l'importance qu'accordent les responsables de ces postes à l'information. À CJAD, les phrases d'attaque sont, dans la plupart des cas, accrochantes. La voix des speakers est généralement objective. Par contre, le ton est trop souvent alarmiste lorsqu'il est question d'événements québécois.

147

CBM, station anglaise de Radio-Canada à Montréal, est très peu écoutée. Cela pourrait s'expliquer par le fait que plusieurs de ses émissions proviennent de Toronto ou d'Ottawa. Elle a bien quelques productions montréalaises, mais aucun auditoire pour ainsi dire. La politique statique de Radio-Canada anglais: quelquefois acerbe en période dangereuse, comme une campagne électorale au Québec ou un référendum où les «experts» du Canada tout entier, de Terre-neuve à Victoria, viennent nous dire qu'il est préférable de voter pour tel parti plutôt que pour tel autre. Négligeable au point de vue influence à cause de sa cote d'écoute quasi inexistante. Par contre, on retrouve à sa grille horaire d'excellentes émissions d'information et parfois de la grande musique. *RSVP,* par exemple, qui des quatre coins du pays propose la diffusion de pièces classiques. *As It Happens* est par ailleurs l'une des meilleures émissions d'information parce qu'elle nous amène dans tous les coins du monde. De même la revue de la semaine, diffusée le dimanche matin, ne peut être plus complète.

CKGM, à 980 kc, a beaucoup changé depuis ses heures de «gloire» des années soixante. Aujourd'hui, CKGM tourne à plein cornet du disque rock. L'avantage de cette radio: elle n'a pas beaucoup de contraintes commerciales. Son désavantage: une radio aussi musicale sur la bande AM se voit handicapée par la qualité sonore de la bande FM qui se prête mieux à la diffusion de musique en stéréo.

Il fut un temps où CKGM était carrément le bourreau des Canadiens français, et souvent avec la complicité de ceux-ci, par la voix d'un seul homme. Pat Burns, le p'tit gars de Pointe Saint-Charles, reflétait la mentalité de cette station, propriété de Geof Sterling, playboy-millionnaire-célibataire-adonis. Burns a brûlé ce que nous avions adoré: la France par de Gaulle, la religion par le cardinal Léger, toujours impunément. Il crachait son venin à plein cornet cinq heures par jour sur son «hot line» téléphonique, le déversant sur la nation canadienne-française, mais non sans la complaisance de cette dernière asservie, assimilée, en minorité, bien sûr, mais fâcheusement présente à toutes ses émissions pour lui dire, dans un mauvais anglais, qu'il avait raison.

En septembre 1968, le premier ministre du Québec, M. Daniel Johnson, dans une conférence de presse dans les deux langues avec traduction simultanée, radio-télédiffusée d'un océan à l'autre par Radio-Canada, avec une colère évidente écrite sur le visage a dénoncé ce triste individu devant le Canada entier et a demandé son expulsion pure et simple du Québec, «persona non grata».

Le lendemain, le premier ministre mourait d'une crise cardiaque et d'aucuns se demandent encore si cela n'a pas été la dernière farce de Pat Burns aux dépens des Québécois français. Six mois plus tard, Burns dégueulait encore avec la force des 50 000 watts de CKGM, les hautes instances de ce poste faisant la sourde oreille aux plaintes. Il est vrai que ses cotes d'écoute étaient excellentes et que les commanditaires étaient nombreux à vouloir annoncer au «show» de Pat Burns. Il faut ajouter que la nouvelle régie fédérale des ondes, le CRTC, venait tout juste de naître et qu'elle ne savait pas trop quoi faire devant une telle situation. On dit aussi que les clauses du code du Bureau des gouverneurs de la radiodiffusion (BGR) n'étaient pas assez claires pour permettre une intervention dans un tel cas. En effet, entre 1965 et 1968, c'est le BGR qui, normalement, aurait dû agir auprès de CKGM. Le 17 janvier 1969, Gérard Pelletier, alors secrétaire d'État, déclare aux Communes que «depuis août 1965, année d'entrée de Burns à CKGM, cinquante-six plaintes exprimant des mécontentements sérieux à l'égard du poste CKGM ont été reçues à Ottawa». Georges Valade, député de Sainte-Marie, fit remarquer qu'entre janvier 1963 et l'année 1965, alors que Burns se trouvait au micro de CJOR-Vancouver, on avait reçu neuf cent cinquante-sept lettres à son sujet, dont cent quarante-six lui étaient défavorables.

La démarche équivoque de l'animateur consistait à mettre en présence plusieurs auditeurs francophones assimilés, déracinés pour la plupart et à leur faire avouer, dans leur mauvais anglais, après toute une série de fourberies dignes de Scapin, qu'ils avaient honte d'être Canadiens français. Ce petit jeu odieux fut aussi dénoncé par le maire Jean Drapeau qui logea des plaintes devant le CRTC.

Un jour, au lendemain du fameux «Vive le Québec libre!» du général de Gaulle, Burns se lança dans une véritable campagne de dénigrement contre les Canadiens français «qui avaient suivi de Gaulle comme des chiens courent après un os», insinuait-il. Le Rassemblement pour l'indépendance nationale, sous la direction de Pierre Bourgault, organisa une manifestation devant les studios de CKGM, alors situés à l'angle des rues Drummond et de Maisonneuve. Une vitrine éclata sans qu'un manifestant ait levé le petit doigt. La pierre avait été lancée par un employé du poste afin de faire intervenir la police qui surveillait les protestataires. Mais finalement, Pat Burns fut atteint dans sa partie la plus vulnérable: la réclame commerciale.

Jean Côté, alors rédacteur en chef de l'hebdomadaire *La Semaine,* entreprit une campagne de sensibilisation de trois mois auprès des annonceurs qui, conscients d'être dupés, résilièrent leur contrat. En quelques mois, CKGM perdit plusieurs annonceurs dont Laura Secord, ce qui entraîna le départ de Pat Burns. Celui-ci aura quand même l'audace de prétendre avoir lui-même demandé à être muté à la section des sports où l'actualité politique québécoise n'entache en rien ses activités.

Mais qui était au juste Pat Burns? Rappelons tout d'abord qu'avant de venir s'installer à Montréal, Burns s'était rendu tristement célèbre sur la côte du Pacifique par une émission du même genre que celle qu'il animait dans la métropole. Il avait dû fuir devant la vague d'indignation soulevée par ses opinions et par sa façon de les exprimer. C'est d'ailleurs à ce moment qu'il était venu chercher refuge à Montréal.

À Vancouver, il avait aussi été journaliste au *Vancouver Province,* directeur des nouvelles à CKLG et politicien. Candidat CCF défait dans une élection de cette province, il était devenu par la suite conseiller municipal avant d'obtenir son premier «hot line» au poste CJOR en 1963. En 1965, CKGM-Montréal l'engageait pour une période de cinq ans. Voilà un gars de Pointe Saint-Charles qui, c'est le moins qu'on puisse dire, avait roulé sa bosse.

Plus jeune, Burns avait vécu à Londres en tant qu'étudiant et comme employé de la maison du Canada.

Le 15 février 1977, le quotidien *The Gazette* nous apprenait que le pétulant animateur était réembauché à CJOR-Vancouver.

Fondée le 7 décembre 1959, la station CKGM est aujourd'hui une station «Top Forty».

Tout ça pour vous dire que la radio anglaise, dans la «deuxième ville française du monde» — ce sont les dépliants touristiques qui le disent — se porte encore très bien merci, même si ce n'était que parce qu'elle dispose d'autant de stations que la radio française et ce malgré la présence pendant près de dix ans d'un gouvernement péquiste à Québec. En toute liberté, ces médias anglophones se sont opposés presque quotidiennement aux volontés du Parti québécois, «rechignant» devant la francisation comme si elle avait atteint son apogée, hurlant même face aux «changements francophonisants» que ferait le club de hockey Canadien... Ils voient partout une réduction de leur liberté d'expression... comme si notre «bonnasserie bébête» des jours anciens avait été quelque chose de gentil, de normal.

Mais il n'y a pas que CKGM récemment acheté par CHUM à Toronto qui ait trempé dans l'exagération des «francomenaceries». CFCF, en 1974, s'opposera d'une façon démesurée aux velléités linguistiques de Robert Bourassa. Mais l'irréductibilité des médias anglais ne fera que refléter aux gens la portée de cette législation linguistique appelée bill 22. Les médias anglophones, et particulièrement CFCF, attisèrent les mécontents. L'animateur John Robertson et le député footballeur George Springate lancent une campagne de dénonciation, et cela malgré la réprobation du CRTC. Nous étions en pleine période de sondage! L'occasion pour CFCF était belle pour supplanter son éternelle rivale, CJAD. Le résultat sera, heureusement pour CJAD, catastrophique! Robertson se permet de faire tourner des chansons de tous ces interprètes qui chantent et crient la liberté... Nous étions dans un Québec nazi avec le méchant Robert Bourassa... C'est à se demander si les médias anglophones ne font pas cause commune devant tout ce que dit et fait Québec. On est loin du rôle qu'aurait voulu souhaiter le journaliste Tom Sloan de voir agir les médias comme une sorte de trait d'union entre Québécois et Canadiens...

Les médias électroniques anglais ont-ils un avenir incertain?

Dans un marché bilingue, comme Montréal l'était jusqu'à récemment, les stations françaises sont en principe là pour desservir la population francophone et les anglaises, les anglophones. Pourtant, force est de constater que les francophones écoutent en assez grand nombre les stations anglaises et que les anglophones écoutent en nombre insignifiant la radio française. Bref, cela nous fait penser un peu à ces campagnes antitabagistes. Même si la population des fumeurs diminue, la vente des cigarettes augmente! Ceux qui persistent à fumer consomment plus. Ainsi, si la population anglophone diminue, ses supporters francophones augmentent...

Dans un dossier portant sur l'état de la radio à Montréal, le Service des recherches de Radio-Canada nous apprenait, en avril 1975, que la disproportion entre radio française et radio anglaise a presque toujours existé depuis le début de la radiodiffusion, soit de 1918 à nos jours.

«Dans les années vingt, CKAC et CFCF desservaient les propriétaires d'appareils récepteurs, peu nombreux à l'époque. Cette répartition moitié-moitié a persisté au cours des années trente avec CHLP, née en 1932, et la station CBM de Radio-Canada qui a précédé la station française de ce même réseau. Cet équilibre relatif de trois stations françaises et deux anglaises n'a duré que jusqu'en 1945 et n'a jamais été rétabli par la suite [1].»

En 1951, la situation s'amplifie en faveur de la minorité. Les quatre stations françaises sont CKAC, CHLP, CBF, et CBF-FM qui est apparue en 1946. Par contre, la deuxième ville française du monde compte cinq stations anglaises qui sont CFCF, CBM, CJAD, CBM-FM née en 1947 ainsi qu'une station bilingue, CKVL, qui est dans le décor depuis 1946.

151

En 1961, la situation empire. Le BGR distribue généreusement les permis. Bien que le Québec soit entré de plein pied dans la «Révolution tranquille», c'est-à-dire dans son éveil national, Montréal s'anglicise. On recense sept stations anglaises, CKGM et CFOX étant venues s'ajouter en 1959 et en 1960 alors que les effectifs français demeurent à quatre stations. CJMS est venue en ondes en 1954, mais CHLP a disparu en 1957, et CKVL-FM qui diffuse depuis 1958 est bilingue.

Mais au cours de la décennie soixante, quatre nouvelles stations font leur apparition: CKLM en 1962, CJMS-FM en 1964, CFGL-FM en 1968, et CJRM-FM qui, spécialisée en musique classique, n'a connu qu'une brève existence en 1965-70. C'est finalement le transfert de CKVL et CKVL-FM du côté des postes français qui va rétablir l'égalité, car deux autres postes anglais se sont rajoutés: CJFM en 1962 et CKGM-FM en 1963. La station multilingue CFMB, à prédominance anglaise, date de 1962.

Mais l'égalité des permis dans une ville à 71% française ne signifie pas équité!

En réalité, deux facteurs ont contribué à ce déséquilibre. L'économie qui est entre les mains des anglophones et la politique fédérale de qui relève la radio.

Parlons d'abord du facteur politique. Ottawa a, dès le début de la radiodiffusion, réclamé la main haute sur ce système et l'a maintenue à la faveur des jugements de la Cour suprême et du Conseil privé de Londres, avec ses différentes régies des ondes. D'abord, la CCR, c'est-à-dire la Commission canadienne de la radiodiffusion de 1932 à 1936, le BGR de Radio-Canada de 1936 à 1958, le BGR de 1958 à 1968 et enfin, depuis 1968, le CRTC qui lui, avouons-le, a mis un stop à la prolifération des permis anglais sans toutefois réinstaller l'équilibre proportionnel aux populations anglaise et française.

Un autre facteur important relié à cette prolifération des permis anglais est celui, et non le moindre, de l'économie.

«La radiodiffusion privée est affaire de gros sous et vit de la publicité. Or les stations anglaises ont su faire jouer le fait qu'une bonne partie de la population française de Montréal est bilingue, et se sont ainsi attiré la grosse part de la publicité[2].» D'autant plus que les agences de publicité visent de préférence les classes aisées et on sait que là également la population anglaise est avantagée.

À la lumière des rapports des cotes d'écoute, il semble bien que les médias anglais ne sont pas prêts de disparaître, même avec au pouvoir à Québec des gouvernements axés sur la détermination des nôtres. Et puis, gouvernements autonomistes ou pas, la radio relève, répétons-le, du fédéral. Dans de telles conditions, il est difficile de parler, comme certains l'ont fait, de l'avenir incertain de ces médias anglophones. Au contraire, leur pouvoir d'attraction sur les Québécois francophones est encore plus évident qu'il ne l'était il y a dix ans. Et pourtant, le visage du Québec se franciserait! Pour s'en convaincre, on n'a qu'à constater les éclatants succès de CHOM-FM ou encore de CFCF-TV. Nous y reviendrons, mais d'abord faisons la comparaison sur une période de dix ans. Remontons donc à novembre 1974 où le Service de recherches de Radio-Canada nous disait que CJAD avait alors à ses antennes 437 000 auditeurs et, sur ce nombre, 50 000 ou 12% étaient Français. Tous ces auditeurs francophones étaient majoritairement bilingues! CKGM, pour sa part, recevait l'appui de 24% de francophones. Cela veut donc dire que sur ses 435 000 auditeurs, 105 000 étaient des Montréalais francophones. CFCF se vantait à ce moment-là d'attirer 58 000 francophones sur ses 298 000 auditeurs, soit 19% de sa clientèle. À CBM, 13% des 147 000 radiophiles étaient d'expression française. CFOX, devenue CKO, attirait 25% de francophones parmi ses 82 000 auditeurs et à CFQR-FM, tenez-vous bien, 54% de ses 403 000 radiophiles étaient des Québécois français. Il s'agit là de 210 000 auditeurs francophones en moins pour les radios françaises. Enfin, CHOM-FM attirait 32% des nôtres pour se constituer un auditoire global de 228 000 auditeurs.

Maintenant, jetons un coup d'œil du côté de quelques stations françaises pour voir si elles ont autant d'attraction que leurs consœurs anglaises. À CJMS, en novembre 1974, 3% des 521 000 auditeurs se déclaraient anglophones ou non francophones. À CKVL, 7% des 523 000 auditeurs de ce poste de Verdun étaient Anglais. À CBF, on recensait 9% d'auditeurs anglais sur un grand total de 403 000 habitués tandis qu'à CKLM, 7% de ses 279 000 auditeurs se déclaraient anglais ou anglophones. Enfin, à CFGL-FM, 5% de ses 92 000 fidèles se disaient aussi anglophones.

En novembre 1983, la maison BBM nous confiait qu'à CHOM-FM 65% de ses 643 000 auditeurs étaient francophones! 25% étaient d'authentiques anglophones d'origine alors que 10% disaient appartenir au groupe «autres». Il s'agit donc de la station qui, au cours des dix dernières années, a le mieux «pénétré» le groupe jeune chez les francophones, surclassant même CFQR-FM qui décrochait la faveur de 54% des nôtres en 1974. Et parlant de cette dernière station, elle attirait encore, en novembre 1983, 47% de francophones sur un total de 401 600 auditeurs. CJAD, avec ses 425 800 habitués, retient encore 11% d'auditeurs francophones alors que CFCF en avait 12% sur un total de 309 800.

Voyons maintenant l'influence des stations françaises auprès de l'élément anglais de Montréal, dix ans après le constat de 1974. Eh bien, malgré une francisation certaine de la métropole, c'est la station CKOI-FM, la plus américanisée en termes de produit offert en ondes, qui attire le plus gros contingent d'anglophones, soit 5%! 92% de ses 739 300 auditeurs étaient des francophones alors que 3% disaient appartenit à la catégorie «autres». Pour sa part, la station CKVL, avec sa formule de «hot line» (talking station), attirait 2% d'anglophones et 5% de Néo-Québécois pour un total de 446 000 auditeurs. 93% de ses radiophiles sont donc Français.

CKAC, en 1983 le numéro un du Québec avec 1 073 000 auditeurs, attire à peine 1% d'anglophones et 3% de Néo-Canadiens n'appartenant à aucune des deux cultures officielles du pays... Sur 407 000 auditeurs, CJMS recensait, en novembre 1983, 1% d'anglophones et 6% de Néo-Canadiens.

Inutile de vous dire que la Société anglo-québécoise qui parle d'avenir incertain n'a pas l'intention de disparaître et que, au contraire, le nombre de médias qu'elle a pour la représenter est indéniablement démesuré. La radio anglaise n'est peut-être plus à l'heure de Pat Burns, mais elle conserve tout un pouvoir d'attraction culturelle, ce qui, à la longue, est beaucoup plus dommageable pour l'autre communauté culturelle... Ma foi, c'est à se demander s'il n'y a que les médias électroniques anglophones du Québec qui ne sont pas en mutation!

Il n'y a pas que la radio anglaise qui nous attire

Comment expliquer la popularité croissante de CFCF-TV? Est-ce que cette faveur populaire s'inscrit dans le courant de tous ces rapports d'experts démographes ou de toutes ces commissions d'étude qui ne cessent de répéter que les francophones s'abreuvent de plus en plus à la culture anglo-américaine?

À certaines heures, 421 000 des 835 000 téléspectateurs du canal 12 sont des francophones. Bien plus, *The Price is Right* attire quotidiennement 125 000 Canadiens français de la région métropolitaine. Pourquoi cette popularité? «Parce que les prix sont alléchants et en font rêver plusieurs», de croire Mlle Rita Glawdessy du bureau de promotion de CFCF-TV. Une autre attraction qui incite les nôtres à river leurs yeux sur ce poste: ce sont ses gros spectacles en provenance des États-Unis et notamment l'exclusivité de ses films durant la période des sondages. *Star Treck* a accaparé 168 000 francophones tandis que *Mash* en ramassait 139 000 à tous les soirs durant les sondages du BBM du printemps 1984.

Un fidèle téléspectateur du canal 12 me faisait remarquer qu'il venait de se départir de son abonnement au câble parce qu'il a constaté que CFCF-TV lui offrait à peu près tout ce que les chaînes américaines déversent dans son salon. Bref, pourquoi payer 15 $ par mois pour le câble quand CTV vous propose le tout en même temps ou à quelques jours près...

Mais il n'y a pas que les quizz et les variétés qui obnubilent les francophones à cette antenne. Il y a aussi son excellent service de nouvelles. Au canal 12, les images parlent! D'ailleurs, cette télévision n'a-t-elle pas été la première à innover avec ce qu'on pourrait appeler «le journalisme d'enquête»? Bob Benedetti en est un bel exemple. Phil Edmunston également. Lorsque celui-ci avait décidé de dénoncer la malhonnêteté de certaines cliniques automobiles, il ne s'était pas contenté d'en parler en studio. «Ses» images appuyaient son verbe.

Il est donc clair que de plus en plus de francophones regardent les émissions en anglais. Ce n'est pas moi qui le dis, mais les chiffres. En 1961, CFCF-TV attirait moins de 20% de francophones. Aujourd'hui, aux dires du dernier sondage BBM, 55% des nôtres s'immobilisent devant cette télé de préférence au 2 ou au 10. Dans une entrevue qu'il nous accordait pour un reportage sur les médias, Claude Veillet de Télé-Métropole confiait que le 12 «est beaucoup plus agaçant actuellement que tous ces nouveaux médias qui apparaissent dans le décor». Une étude de l'Université de Montréal, rendue publique par le ministre de l'époque, Francis Fox, l'a confirmé: «La proportion du temps d'écoute consacré aux stations anglaises à Montréal est passée de 14,2% en 1976, à 20,5% en 1981.» La télévision est un puissant média pour transmettre un message et ce, même si la langue constitue un obstacle. L'image ne vaut-elle pas mille mots?

Le canal 12 a failli devenir Radio-Québec!

CFCF-TV ne peut être aussi populaire sans avoir à son palmarès des éléments de valeur. La station privée n'a pas bâti sa réputation sans un long cheminement. Mis en ondes le 20 janvier 1961 à 17 heures, le 12 fut d'abord la propriété de Marconi d'Angleterre. En 1968, lorsque le CRTC enjoint les médias à se canadianiser, CFCF a dû passer entre les mains d'intérêts nationaux. Avant d'être achetée par Multiple Access en 1971, cette station fut l'objet d'une transaction officieuse verbale, sans lendemain. Il était question, en 1968, sous le gouvernement Johnson, qu'elle serve de base à l'organisation de l'Office de la radiodiffusion du Québec... en un mot de Radio-Québec! «L'achat de Marconi aurait pu se faire par une entente Paris-Londres-Québec, planifiée par messieurs Johnson et de Gaulle», m'avait confié, comme nous le disions déjà, feu Jean-Guy Cardinal, alors vice-premier ministre. Il est bien clair que devant toutes les complications que cela aurait constituées, notamment en provenance d'Ottawa, le vœu de Daniel Johnson n'alla pas plus loin.

En 1972, CFCF-AM, CFQR-FM et CFCF-TV passent aux mains de Multiple Access. Bien que son siège social soit à Montréal, le gros de la production se fait dans la Ville reine. Pour sa programmation, on comprend que CFCF-TV s'alimente aux grands réseaux américains. «C'est là sa corde forte», de faire remarquer Mlle Glawdessy, au bureau de promotion. «Contrairement aux stations américaines qui ne sont affiliées qu'à un seul réseau à la fois, nous, nous avons accès aux trois chaînes grâce à notre abonnement. Bref, nous offrons ce qu'il y a de mieux chez les trois grands américains.»

Bien qu'acculturée, cette télévision (mandat du CRTC oblige) produit des émissions canadiennes exportables. *Beat the Clock* a longuement subjugué les «téléphages» de nombreux États de la Nouvelle-Angleterre. Le 12 a aussi exporté *Sing a Good Song, Family Court* et aujourd'hui encore *McGowan* et *Morning Exercises* vers le reste du Canada.

Multiple Access a investi passablement d'argent dans l'amélioration de sa programmation. De style «tarte-à-la-crème» qu'elle était, elle a vite coupé avec cette mauvaise réputation. On a également soigné la présentation des spectacles. Le canal 12 cède une place de choix aux documentaires tel *Untamed World*. Actuellement, il n'est pas rare d'y voir des productions de l'ONF ou encore de Jacques-Yves Cousteau.

Les nouvelles

Avec ses reporters, ses 13 cars de reportage, son grand studio mobile, ses deux hélicoptères, ses correspondants étrangers, *Pulse* demeure, et de loin, l'un des meilleurs bulletins d'information télévisé. La compétence de ses 55 journalistes (cinq francophones) ne fait pas de doute. L'exemple de Peter Jennings, maintenant dans les grandes ligues des États-Unis, en est une assez belle preuve.

En ce qui a trait aux groupes minoritaires, les informations sont traitées avec beaucoup d'à-propos. Existe-t-il une meilleure façon de retenir l'attention des groupes anglophones et anglophiles?

D'une manière générale, les reporters et lecteurs ont une connaissance raisonnable de la langue française. Rarement les noms d'endroits, de rues, de personnalités ou d'associations québécoises sont écorchés, comparativement au canal 6 de la CBC. Cependant, on sent à travers certaines émissions une méfiance vis-à-vis du groupe majoritaire du Québec, mais il s'agit là d'une mode qui existe depuis toujours dans les médias anglophones, particulièrement depuis 1970, année de la crise d'Octobre.

Depuis ces derniers temps, on aura remarqué que nombre de francophones (du moins de noms francophones) apparaissent à l'écran des nouvelles à titre de reporters, animateurs ou chroniqueurs. Marguerite Corriveau, Al Dubois, Lyne Desjardins, Jean Rivard et récemment François Perreault ne sont que quelques-unes des figures familières de ce personnel composé de 35% de francophones.

Le canal 10 a manqué une belle occasion!

Les groupes ethniques (autres que français) ont une place prépondérante au 12. Les Italo-Canadiens (plus de 250 000 personnes) ont un attachement spécial pour CFCF-TV. Ça se comprend, on leur permet de s'exprimer. Auparavant, ces mêmes groupements italiens (pourtant culturellement près de nous) avaient sans succès sollicité un temps d'antenne à CFTM-TV. Il leur fut refusé! «Ils désiraient simplement s'identifier à la réalité québécoise», m'avait dit feu Alfred Gagliardi du *Corriere Italiano*. «Notre objectif était de prolonger notre expérience radiophonique de CHLP qui s'était étendue de 1948 à 1957... époque où les Italiens avaient beaucoup plus tendance à s'identifier aux Canadiens français...[3]»

En 1979, Jean-A. Pouliot, déjà impliqué dans la radiotélédiffusion à Québec, achète de Multiple Access tout l'empire CFCF. Dès son entrée, il a investi dans l'agrandissement des studios Champlain où il se fait des productions destinées à d'autres télés. *Recours* a été enregistré là, tout comme *Passe-Partout* qui a récemment été enlevé de l'horaire du canal 10.

Poste archi-rentable, la voie de la station privée anglaise de Montréal serait-elle toute tracée pour se sortir de l'ombre américaine? Le canadianisation passerait-elle par Pierre Lalonde, Patsy Gallant, Buffy Ste-Marie ou Edith Butler? On verra ce qu'en pense Marcel Masse lorsqu'il aura ajusté les écrans du 2 et du 6, si jamais il les ajuste!

Comme vous le voyez, la vie des médias est comparable à celle des poissons! Le p'tit se fait manger par le gros... Comme on a pu le voir, la radio, au cours de son existence, a dû s'adapter à de nombreuses situations. Si elle s'est permis d'agacer quelque peu la presse écrite, il n'en fallut pas beaucoup pour qu'elle aussi se sente vite menacée par ces médias qui apparaissent au fur et à mesure que le progrès avance.

Eh bien, après la radio, c'est au tour de la télévision d'être en mutation. Pourquoi l'est-elle? Parce qu'elle aussi se doit de s'adapter à toutes ces inventions qui l'agacent, voire même la menacent dans sa propre existence.

Depuis ses débuts, en 1952, la télé s'est transformée, mais jamais d'une manière aussi radicale qu'au cours des dernières années. Cela est tellement évident que les récents soubresauts technologiques risquent d'avoir des conséquences graves sur son développement. D'abord, Radio-Canada, première société à nous offrir l'image au foyer nous a accaparés. Puis, les consommateurs ont eu la possibilité de diversifier leur goûts en optant pour Télé-Métropole et CFCF-TV qui sont toutes deux arrivées dix ans plus tard. Mais malgré cette diversité, les insatiables du temps n'ont pas tardé à installer sur leur toit des antennes capables de capter les principales chaînes américaines. Ainsi, les *Dragnet, Have-gun-Will Travel* ou les meilleurs combats de boxe entraient en plein cœur des foyers montréalais. Par après, l'arrivée des câblodistributeurs élargissaient encore davantage le choix des canaux. Déjà, on était bien loin du temps où CBFT régnait en roi et maître avec *Pépinot et Capucine* ou *Point de mire*.

Bien loin aussi du temps où la télé, pour drainer l'auditoire de la radio, frappa le grand coup dans le domaine du sport en retransmettant le baseball des Royaux directement du stade De Lorimier ou le hockey des Elmer Lach, Maurice Richard ou Émile Bouchard depuis le Forum.

Plus tard, vint Radio-Québec sur la bande UHF. Cette télévision nous a surtout montré, au début, à tricoter et à faire des tartes au sucre... Et comme si l'appétit demeurait incontrôlable, on nous proposait un service accru grâce à la télécommande. Du fond de son fauteuil on pouvait amener à soi la station de son choix, qu'elle soit de Washington ou de Trois-Rivières. Et en guise de dessert: les télévisions payantes qui n'ont pas tellement payé et ont surtout été payantes... Le menu garguantuesque n'était pas encore complété qu'on nous suggérait des antennes paraboliques (soucoupes) susceptibles de capter 98 canaux, au moins, transmis par satellite. Et quant à y être, il ne faudrait pas oublier ces lecteurs de vidéocassettes qui se vendent à un rythme contagieux. Mais attention! Là aussi il y a risque d'acheter des denrées périssables car l'évolution technologique est effarante! Donc, comme du côté de la radio, ce ne sont pas les secousses sismiques qui manquent pour déranger la tranquillité de la télévision conventionnelle.

À première vue, on serait porté à s'imaginer que ces bouleversements n'ont rien de dramatique pour Télé-Métropole, CTV ou

Radio-Canada. Pour nous en convaincre on n'a qu'à voir l'épreuve de force à laquelle ont dû se soumettre nos deux télévisions payantes avec moins de 1% du marché. Il ne faudrait pas croire que la télé payante est appelée à se faire manger par un plus gros poisson! Au contraire, elle saura bien s'imposer. Comme pour l'encourager, le réseau HBO, aux États-Unis, va chercher plus de quinze millions d'abonnés. Sa force est telle que les agences de publicité des grands réseaux ABC, NBC et CBS réclament une révision des tarifs publicitaires! Avec quinze millions de téléspectateurs en moins, à ces trois réseaux, il est clair que les agences ne sont plus intéressées à payer le gros prix.

Ici la pénétration de la télé payante se concrétisera en autant qu'elle offrira des produits «à part» et à prix abordable, et trouvera le moyen de décourager la piraterie. Mais pour cela il faut du monde. Or, le Canada est un bien petit pays. Également lorsque la télé payante aura à son horaire de meilleurs plats de résistance elle pourra, peut-être, aller chercher un auditoire plus statique. On parle d'exclusivité dans le domaine du hockey, du rock ou de la boxe. Nul doute que la boxe doit être une discipline essentielle dans un milieu aussi bagarreur que celui des communications. Mais est-ce que cela va finir par gruger dans les effectifs de la télé conventionnelle comme c'est le cas aux États-Unis? On en doute pour l'instant. «Ça ne nous fait pas peur», avait confié Richard Genin, vice-président aux ventes à Télé-Métropole. Il appuyait sa certitude sur le fait qu'on assistait à des désabonnements... Cela est vrai, mais Télé-Métropole lorgne désormais le secteur pétrolier. Les investissements seraient plus «surs» que dans une télé de plus en plus onéreuse. Et par surcroît, on dit qu'il y a place pour une autre télé privée française à Montréal.

Oui, nous surnageons dans une mer de médias. À un point tel qu'on ne sait plus où donner de la tête. Oui, la presse écrite a été menacée par l'arrivée de la radio; oui, la radio s'est ajustée à l'invasion de la télé puis à la montée de sa concurrente, la bande MF. La télévision a été confrontée aux câbles et aux antennes, et maintenant à la télé à péage. Mais la télé à péage a-t-elle à peine mis le nez dehors que voilà qu'elle fait face, elle aussi, à une menace. Si elle n'obtient pas l'impact souhaité, c'est en grande partie dû à l'incroyable pénétration des vidéo-cassettes. Ainsi, on permet aux usagers d'avoir accès aux films qui hier encore avaient pignon rue Sainte-Catherine ou Place Ville-Marie. La salle de cinéma a vu également une fragmentation de son auditoire. Mais ça ne finira donc jamais cette querelle!

La bataille des médias, c'est celui du plus fort, comme dans la vie, quoi! Alors tout le monde se méfie du gros poisson qui mange le petit.

Une autre hantise provient du développement récent des jeux vidéo qui, de plus en plus sophistiqués, laissent entrevoir des possibilités infinies. Ces jeux vont-ils grandir au détriment des télés conventionnelles? Allons-nous partager notre temps (moyenne de 23 heures par semaine) devant le petit écran aux jeux vidéo, ou aux émissions de Télé-Métropole ou de Radio-Canada? Chez nos voisins du Sud, huit millions de foyers sont déjà équipés d'un appareil vidéo-cassettes. La généralisation de ce dernier dans nos maisons, la multiplication et l'enrichissement des vidéothèques privées concourent, sans l'ombre d'un doute, à l'érosion du temps consacré aux émissions de la télé conventionnelle.

Mais pour le moment, le plus redoutable des adversaires de cette télé conventionnelle, c'est le télécommandeur ou le câblodistributeur si vous préférez. Il vous permet, du fond de votre fauteuil, de voyager d'un poste à l'autre sans endommager la «roulette». Vous vous souvenez sans doute, enfant, comment on vous prévenait de ne pas tourner la «roulette» trop brusquement et de le faire toujours dans le même sens. Or, y a-t-il un meilleur moment pour aller fureter ailleurs lorsque les réclames publicitaires défilent pendant une, deux quand ce n'est pas trois minutes! Les sondages affirment que tant de monde regarde telle ou telle émission, mais ils ne nous disent pas ce que les gens font pendant la pause commerciale. Vont-ils aux toilettes, au réfrigérateur, ou encore changent-ils de poste? Certaines compagnies de câble ont beau nous montrer sur leur écran tout ce qui se passe aux antennes étrangères pendant la pause commerciale on a vite compris que la publicité (y aurait-il une entente?) passe à peu près en même temps à toutes les chaînes.

Mais comme pour ajouter une épine aux télévisions conventionnelles, le CRTC élargira, d'ici peu, la concurrence et, par conséquent, l'éparpillement des auditoires! Il accorde des permis aux stations sur câble intéressées par la religion, le sport ou la musique. Il a reçu au cours du seul mois d'août 1983, vingt-cinq demandes! Avec le temps, la radio et la télévision conventionnelles seront particulièrement affectées. Non seulement ces médias doivent-ils faire face à ceux qui incitent les sédentaires à «aller jouer dehors», mais ils doivent affronter une concurrence accrue sur leur propre terrain.

Exception faite de la langue qui constitue toujours un bouclier contre l'assimilation, l'invasion américaine, par le biais des traductions, est acquise sur nos écrans. Elle n'est pas totale parce que la langue qui se reflète dans notre culture québécoise est très dynamique en comparaison à «la culture canadienne». La télévision canadienne n'a pas su produire de romans aussi accaparants pour les siens que la télé privée ou d'État au Québec. La plus haute cote d'écoute jamais atteinte par CFTM-TV a été celle de janvier 1972 où

Malgré l'immense popularité de la télévision, les
jeunes tendent à revenir à la radio. Ici
Gilles Archambault et Gilles Moreau animent
à CBF-FM une émission de jazz.
(Photothèque de Radio-Canada)

un 1 600 000 personnes suivaient *Les Berger* tandis qu'à Radio-
Canada on en rejoignait 957 000, en 1981, avec la nouvelle version
des *Plouffe*. Au printemps de l'année 1983, toujours pour le grand
Montréal, *Les Moineau et les Pinson* allait chercher 1 200 000 spec-
tateurs et *Le Temps d'une paix* 866 000 ! Où sont les 500 000 téléspec-
pectateurs en moins? Le record de 1972 ne s'est jamais répété.
Serait-ce là un indice du fractionnement de l'auditoire? C'est bien
possible. Il faudrait cependant le conjuguer à d'autres facteurs,
comme un plus grand intérêt pour l'activité physique depuis que
Montréal a été le théâtre des Jeux olympiques... Bref, admettons
qu'il manque des données pour se prononcer catégoriquement.
Mais il manque quand même 500 000 téléspectateurs à ces deux
télés. On veut bien croire que le succès de CFCF-TV auprès des
nôtres est croissant, mais pas à ce point.

D'ailleurs pour tenter un *come-back*, Radio-Canada et Télé-
Métropole inscrivaient douze téléromans à leur grille d'automne
1983; huit à Radio-Canada et quatre au poste à «Baptiste». Seulement, voilà, le succès des téléromans n'arrête pas l'érosion pour
autant.

161

Mais nous ne sommes pas seuls. Le fractionnement de l'auditoire atteint avec beaucoup plus d'acuité la télé anglo-canadienne dont les adeptes peuvent, sans difficulté, se tourner vers la US-TV! Et quand il s'agit de produire une émission canadienne, nous devons nous débrouiller avec 85 000 $ tandis qu'aux États-Unis on débloquera en moyenne 300 000 $ pour une émission de trente minutes. Le Canada n'a pas assez d'argent pour soutenir une industrie de télévision indépendante, a déclaré un panel de représentants des réseaux de télévision et de télé à péage lors du Festival de la télévision de Banff. La coproduction est donc essentielle. «Les téléspectateurs s'habituent aux émissions américaines à gros budget. Ils s'attendent au même produit chez nous», estime Bill Armstrong, vice-président exécutif de Radio-Canada. Il nous faut produire, concurrence oblige, des émissions originales, rencontrer des standards internationaux pour pouvoir vendre nos produits à l'étranger... Et même si le CRTC exigeait 100% de contenu canadien, cela n'empêcherait pas les Canadiens de se tourner vers les USA, surtout quand on sait que déjà 60% d'entre eux sont câblés...

Nous sommes donc le nain face au géant ou, si vous préférez, le petit poisson dans la gueule du gros. Les développements technologiques ne sont pas seulement axés sur les goûts des consommateurs. Les producteurs se voient également séduire par les possibilités fascinantes d'améliorer la qualité visuelle de leur produit. Des ordinateurs permettent de capter électroniquement les images, de faire des choses qui ajouteront aux plaisirs des yeux... Bien qu'accessibles, ces nouveautés sont inabordables... pour l'instant. Mais en attendant, nos voisins américains continuent de s'imposer en charmant les téléspectateurs tout en faisant croire aux responsables canadiens que leurs productions locales demeurent artisanales.

À la vitesse folle avec laquelle la télé américaine digère toutes les possibilités créatrices que lui permet la sophistication des centres électroniques de montage, on peut sérieusement se demander comment nos télés conventionnelles vont réussir à offrir des productions qui ne seront pas dépassées? Enfin, qu'adviendra-t-il très bientôt lorsque des stations américaines (parce que ça viendra probablement d'eux) offriront toutes leurs émissions en stéréophonie, voire en relief ou en trois dimensions? Pourrons-nous nous payer cette technologie toujours plus onéreuse? Il faut tout de même tenir compte de la petitesse de notre marché.

Non, pour l'instant notre télé conventionnelle n'est pas menacée, mais elle entrevoit son avenir avec appréhension. Comme on le disait plus tôt, Claude Veillet, directeur de la recherche à Télé-Métropole, craint davantage pour le moment le télécommandeur que la télé à péage ou tous ces nouveaux médias. Mais pour lui, si, à

Montréal, la télé payante ne ramasse pas 1% du marché, CFCF-TV, par contre, commence à déranger la clientèle de CFTM tout comme celle de CBFT. La maison BBM le démontre d'une publication à l'autre. Le groupe francophone branché à CFCF-TV atteint parfois 55%! Il était de 20% en 1962. Malgré la «débilinguisation» des jeunes, on note que les émissions de CTV les attirent parce qu'ils sont à la recherche, dans un monde aussi angoissant, de divertissements. Veillet cite l'exemple de *The Price is Right* où il n'est pas essentiel d'être bilingue pour suivre cette émission. Une femme s'extasie, une Buick, de belles filles qui font de beaux sourires et un animateur relaxe qui actionne la grande roulette, et le tour est joué! À côté de cela, Réal Giguère a l'air d'un radin avec ses grille-pain en guise de prix de consolation! Mais il n'y peut pas grand-chose. Le Québec est un bien petit marché...

Un autre phénomène d'attractions à CTV, c'est l'importation massive d'émissions en provenance des États-Unis. Ajoutons à cela l'excellence de son service de nouvelles et on s'expliquera pourquoi tant de francophones sont rivés à son écran. Cela est tellement vrai que CFCF-TV fait appel à la publicité-radio, et en français par surcroît, pour attirer les nôtres chez elle.

Les prochaines années seront décisives. La télé conventionnelle devra découvrir le moyen d'exercer son attrait malgré le télécommandeur, malgré la télé à péage, malgré les antennes paraboliques, malgré les vidéo-cassettes, malgré les jeux vidéo, malgré les super-productions étrangères, malgré toutes les possibilités offertes pour combler nos temps libres. Et le livre là-dedans? S'est-on penché sur son sort depuis la prolifération des médias? Il s'en sort bien. Même mieux que jadis, dit-on. Moins de monde lit, mais on lit davantage!... Et l'industrie du disque? La radio, les quotidiens? La salle de cinéma? Faut croire qu'il va falloir nous habituer à la fragmentation des auditoires. Après tout, elle existe déjà dans la vie courante comme dans l'alimentation, dans l'automobile. GM, Ford et Chrysler s'y sont faits... n'est-ce pas!

On se dirige indéniablement vers deux sortes de services. Le gratuit et le payant. Poste-Canada et Purolator, l'école publique et privée. Il en est ainsi pour les médias.

Bref, il y a au Québec de nombreux médias. Nous nous en vantons d'ailleurs régulièrement, mais ce qui frappe, c'est l'incroyable ignorance d'un peuple que l'on prétend bien outillé... Est-ce que ces médias ont vraiment contribué à l'élévation de la connaissance des nôtres? On peut en douter. Fermons les appareils, nous serons plus à l'aise pour en discuter. Le débat risque cependant d'être long... très long.

Mais revenons à notre sujet essentiel: la radio AM, quel est son avenir? Avec la multiplicité de la concurrence, comment va-t-elle s'en sortir? Le FM, la télé, les vidéos, les médias spécialisés, l'assaillent de partout. Consolons-nous, la radio aura toujours un impact sur les particuliers. Les enquêtes disent que les jeunes délaissent la télévision au profit de la radio (la radio FM cependant) et que les gens d'âge mûr continuent d'écouter la radio AM. «La radio AM, grâce au satellite, peut améliorer son produit et sa diversité en comptant un peu moins sur le disque et les services locaux», de croire André Bureau, président du CRTC[4]. C'est oublier qu'à Montréal il y a beaucoup trop de stations! Est-ce que la difficile opération de sauvetage de CKLM à Laval, et l'agonie lente d'autres stations seraient ce que Bureau appelle l'éventuel retour en force des radios qui vont demeurer!

1. Document Radio-Canada Recherche, 1975.

2. *Ibid.*

3. Entrevue accordée par feu Alfred Gagliardi, août 1983. Publiée dans *La Presse Plus*, septembre 1983.

4. Entrevue radiophonique CKAC, 1985.

Annexes

Pour comprendre la radio

S'il est une question instructive et riche en réponses, c'est bien celle-ci: Pourquoi écoute-t-on la radio? En décembre 1981, le Trend Research on Expectation in the New Decade (TREND) publiait ses résultats sur les attentes des Américains âgés entre 25 et 49 ans. Ces hommes et ces femmes issus du «baby boom» s'intéressent à tout ce qui aura un impact sur leur «moi». Ils sont ainsi concernés par l'économie, la vie professionnelle, le patrimoine et la santé, bref, ces domaines où l'individu a son mot à dire. Un autre point non négligeable dans cette étude de Doyle Dane est la solitude. Les répondants ont manifesté une peur croissante face à celle-ci. Signe évident d'un besoin à satisfaire. Or, le secteur des communications est vu comme un des principaux liens possibles avec le monde extérieur, et la radio, sans doute le plus personnalisé des médias, comble ce vide.

How Radio Can Ride Out the Upcoming Storm (Comment la radio surmontera-t-elle la crise qui s'annonce?) tel est le titre d'une étude réalisée par Ogilvy and Mather en mai 1982. Il en ressort que les stations radiophoniques auraient avantage à stabiliser et à augmenter leur nombre d'auditeurs de base, soit en attirant de nouveaux venus, soit en majorant la moyenne d'écoute de chacun. Pourquoi ne pas offrir une programmation spécialisée dans certains domaines populaires, comme des informations économiques s'étendant sur 24 heures ou des émissions invitant des experts? La clef du succès, dans ce monde de féroce concurrence, c'est d'être à l'écoute des intérêts personnels des auditeurs.

Environ 99% des Américains de 25 à 54 ans ont répondu «Pour ne pas me sentir seul» à la question: «Pourquoi écoutez-vous la radio?» Selon la McGavren Guild, d'autres raisons s'énoncent ainsi: divertissement: 97%; musique de fond: 93%; pour être au courant ce qui se passe: 92%; nouvelles et météo: 81% [1].

Si 92 % des répondants écoutent la radio pour être informés, il est aisé d'en déduire que c'est parce que les sujets d'information les intéressent et qu'ils se sentent concernés.

AM *versus* FM? Que recherche l'auditeur de la bande de modulation d'amplitude? Rien d'extraordinaire. Ses attentes gravitent autour d'une information traitant de sujets le concernant comme individu, et ayant une quelconque portée dans sa vie personnelle.

Une autre agence importante, la Brown, Bortz and Coddington, s'est penchée sur l'avenir de la radio. De ses conclusions, nous gardons un élément essentiel: la venue, voire l'affluence des femmes qui désirent s'accomplir sur tous les plans (carrière et vie privée). Leur mode de vie reflète leur indépendance de plus en plus marquée. Le nombre croissant de femmes qui occupent des fonctions dans cette seule industrie des communications ne vient-il pas le confirmer?

La radio est un média unique

Pour nous aider à comprendre la vraie valeur de la radio, prenons un exemple. Vous louez le stade olympique un dimanche après-midi alors que les Expos sont à l'œuvre. Il est plein, 60 000 personnes en tout. Vous avez un magasin aux environs du stade et on vous permet de faire un message de 60 secondes aux 60 000 personnes assemblées. Bien qu'elles n'écouteront que d'une oreille plus ou moins attentive, vous allez vous arranger pour rédiger un texte qui aura de la portée. De plus, il est probable que vous serez prêt à payer plus de 100 $ ou 200 $ pour parler pendant 60 secondes à 60 000 personnes. En fait, un tel privilège vaut, selon les experts, entre 1 000 $ et 1 500 $.

Il en est ainsi de la radio. À presque tous les moments du jour, il y a 60 000 personnes qui vous écoutent et l'on n'exige que 100 $ ou 200 $ pour leur adresser la parole. Si vous écoutez la radio, vous n'avez pas le choix, vous devez, consciemment ou non, entendre les messages publicitaires ou les nouvelles. Les enquêtes démontrent que seulement 30 % des lecteurs d'un journal ont des chances de voir votre publicité ou votre nouvelle et que seulement 20 % des gens vont lire cette publicité ou cette nouvelle.

Dans le domaine des communications, la radio est sans aucun doute le secteur le plus dynamique, le plus progressif… Toutefois, ce n'est pas celui qui tire le plus grand profit des dépenses publicitaires ni celui qui est le mieux considéré dans le milieu. Il en est ainsi pour le journaliste radiophonique qui est un peu le parent pauvre du milieu journalistique.

La radio ne reçoit que 10,3% de tout l'argent dépensé en publicité au Canada. Les magazines reçoivent 15,3%, la télévision 17,4% et les journaux environ 31,1%. La radio rejoint 95% de la population et ne reçoit que 10% des budgets publicitaires. Par exemple, la télé a récolté en 1983 pour 650 millions de dollars en publicité nationale et 185 millions au local. Mais le média par excellence pour récolter le gros des budgets publicitaires est l'imprimé: un milliard 255 millions sont allés à l'imprimé en 1983, soit 248 millions de dollars à la publicité nationale, 717 millions à la publicité locale et 290 millions aux annonces classées. Toujours au cours de cette même année, la radio décrochait, au Canada, 494 millions de dollars, soit 124 millions au national et 370 millions au local. L'Ontario et le Québec décrochèrent la grosse part de cette somme.

Un journal qui rejoint 700 000 personnes toutes les semaines pourra gagner des revenus publicitaires de 30 millions de dollars. Une station de radio qui rejoint plus de un million d'auditeurs aura des revenus publicitaires d'environ 10 à 11 millions de dollars. Tout le monde — surtout ceux qui font de la publicité — estime que l'imprimé a plus de valeur que la radio. La radio, c'est de l'air alors que les écrits restent. Par exemple, il n'est pas rare d'entendre des relationnistes dire qu'il est plus impressionnant de montrer à son patron une découpure de journal que de dire qu'on a entendu parler de lui à la radio.

Maintenant, pénétrons dans la salle des nouvelles. Voici tous les postes que l'on retrouve: d'abord, il y a le directeur de l'information, le directeur des affaires publiques, le directeur des assignations. Puis viennent le chef de pupitre (lecteurs...), les rédacteurs et les commis à la rédaction (audition des radio-police...). Suivent les reporters, les correspondants parlementaires (Québec et Ottawa) et les correspondants à l'étranger (Washington, New York, Paris...). N'oublions pas les chroniqueurs spécialisés (météo, circulation, finance) et parfois des éditorialistes qui commentent l'actualité et le sport.

Évidemment, la définition des tâches varie d'une station à l'autre. Il est certain que plus une station fait de revenus, plus grand est le nombre d'employés et notamment de cadres.

Le directeur des ventes est un poste que l'on retrouve dans toutes les stations. C'est lui qui apporte à la station tous ses revenus. Il est donc superflu de dire qu'il est un personnage très important. Dans le cas d'une station comme CKAC ou CJMS, les revenus sont de l'ordre de six à onze millions de dollars par année. La radio tire tous ses revenus soit de la vente de messages commerciaux, soit de la vente de temps d'antenne (air-time). Le secteur des ventes peut se diviser en trois catégories: ventes locales, ventes au détail (ventes faisant appel à des courtiers en placements souvent fort liés à l'entreprise) et ventes nationales (où l'achat publicitaire se fait par l'intermédiaire d'une agence de publicité. Il est à remarquer que la plupart des stations confient au même service les ventes locales et les ventes au détail, bien que les coutumes soient appelées à changer. Les ventes locales représentent plus de 60% des revenus d'une station de radio.

Le directeur de la programmation planifie ou redéfinit la programmation selon les vagues, les goûts ou les courants. Il est en relation directe avec les directeurs de l'information et des ventes.

Le directeur de la promotion s'occupe de faire connaître son poste et surtout d'associer le poste à des événements populaires. Ex.: Fêtes de la Saint-jean, Salon de la femme, congrès politiques... Il fait aussi la publicité de son poste et de ses animateurs dans les journaux.

Pourquoi la radio a-t-elle un langage particulier?

On n'écoute pas la radio comme on lit un journal ou comme on regarde la télé. Dans le fond, on écoute la radio tout en ne l'écoutant pas. Pourtant, la radio nous envahit complètement. Elle fait partie de notre système «cérébral», avait dit Marshall McLuhan.

«La radio, c'est le livre du peuple», avait ajouté un jour René Lévesque. Mais il faut bien l'admettre, le journalisme radiophonique est plus limité que celui de la presse écrite. Rien ne remplace un journal. Le quotidien se prête à la réflexion, alors que le journal parlé, malgré toutes ses qualités, demeure superficiel. Une heure après avoir entendu le journal parlé, le radiophile oublie le gros des propos du journaliste. Le lecteur du quotidien s'en souviendra plus longtemps car il a la possibilité de «revenir en arrière», comme on dit. C'est pourquoi le journalisme verbal a son style parlé et non écrit.

Par exemple, l'animateur d'une ligne ouverte devra avoir un mot de bienvenue très court. «Bonjour, mesdames et messieurs, aujourd'hui à notre émission il sera question de...» Le texte qu'il livrera à ses auditeurs pour débattre la matière qu'il aura choisie devra être lu avec un certain ton, question d'amener des clients à composer son numéro de téléphone et de remplir ses nombreuses lignes disponibles. Son texte fera, en moins d'une minute idéalement, le bilan des opinions.

Ses interventions se feront dans le but de renseigner l'auditeur, le replacer dans les faits si celui-ci s'en écarte. S'il n'est pas assez ren-

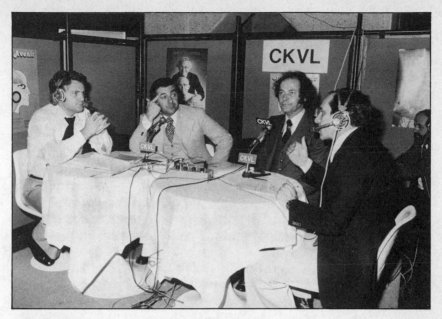

Face à Face avec Mathias Rioux et Jean Cournoyer,
deux exemples de populaires animateurs de lignes ouvertes.
(Photo CKVL)

seigné pour traiter d'un sujet trop complexe, il se fera appuyer par
un recherchiste ou un invité spécialisé. Animer une ligne ouverte
c'est comme être installé devant un filet de gardien de but. Faut pas
laisser passer les rondelles! Les rondelles, ce sont les exagérations de
certains auditeurs anti-ci ou anti-ça qui veulent constamment profiter de temps d'antenne pour salir telle ou telle personnalité. L'animateur se doit d'être prêt à faire face à ces éventualités. Nul doute
que le hot-line a ses vertus, mais il a aussi ses défauts. Un peu comme
la section de «la parole au lecteur» du quotidien, le hot-line a permis
à l'auditeur d'émettre son point de vue. C'est un bel exemple de
démocratisation des ondes.

Par contre, la ligne ouverte constitue aussi une possibilité d'in-
sulter les gens à distance. Et la différence d'avec un journal, c'est
qu'on n'a pas le loisir de jeter la lettre au panier si elle est trop calom-
nieuse. Alors, il faut donc être bien renseigné avant de s'asseoir derrière un micro pour entreprendre cette «forme de journalisme
parlé».

Autre exigence dans ce métier: savoir interviewer. Pouvoir
faire face aux trois types d'entrevues. L'entrevue serrée où l'animateur n'a que peu de temps pour tirer «les vers du nez» de la personne

qui, au bout du fil, a des comptes à rendre. Madame Denise Bombardier et Pierre Pascau excellent bien dans ce type d'entrevues. Il y a aussi l'entrevue décontractée qui, à cause de la durée plus longue, en apportera tout autant. Enfin, retenons l'entrevue à questions ouvertes lorsque le sujet est trop compliqué. L'animateur plongera! Si Lise Payette était une bonne intervieweuse d'entrevues décontractées, Pierre Paquette et Marc Laurendeau peuvent être considérés comme excellents dans l'entrevue à questions ouvertes.

Les meilleurs journalistes de la presse électronique sont ceux qui savent parler sans nécessairement savoir écrire. Dans le journalisme électronique, il n'est pas nécessaire de faire toutes ses phrases avec un sujet, un verbe et un complément. Donc, on retrouve beaucoup plus de liberté dans le style que chez le journaliste de la presse écrite. Encore faut-il que le journaliste de la presse électronique sache profiter de cet avantage. «Les bons écrivains écrivent pour l'oreille: il y a toujours profit à les lire tout haut. On jouit alors de l'harmonie ainsi que des idées», avait rappelé Pierre Baillargeon dans la revue *Commerce*. D'ailleurs, l'auditeur ne se trouve-t-il pas navré quand son journal parlé est barré de métaphores, de tournures académiques qui nécessitent un décodage fastidieux?

Dans certaines stations radiophoniques européennes, les journalistes dictent leur bulletin à une secrétaire et obtiennent ainsi le style «parlé». Le style parlé, c'est dire à sa femme ou à son mari: «Assieds-toi, je vais t'expliquer ce qui s'est passé aujourd'hui....» Les mots et la façon de parler doivent être aussi simples.

La presse électronique retrouve sa vraie fonction dans le reportage en direct. Avoir la compétence nécessaire pour pouvoir décrire, sans préparation et sans texte, ce qui se passe de grave actuellement. Sans recul, non plus. De plus, le journalisme électronique est instantané. Ce qui a été dit il y a cinq minutes est maintenant périmé. Dans la presse écrite, il n'y a qu'une seule heure de tombée (dead line) par jour... Le journaliste radiophonique sera également soumis à des contingences de format. L'information doit suivre le format général de la station. Elle sera plus superficielle et style manchettes dans une station genre «top-forty» CKGM. Elle sera plus poussée et plus sérieuse dans une station «middle-of-the-road» (CKAC).

Le temps alloué à l'information est limité à la radio. Qu'il y ait abondance ou pénurie de nouvelles, le radio-journal du matin durera quinze minutes, sauf dans de rares exceptions. Il faut donc avoir une grande discipline dans sa façon de présenter l'information lorsqu'il y a contingence d'horaire. Il faut, en effet, une certaine rigueur pour tout dire ce qui se passe chez nous et dans le monde en trois minutes. Apprendre à dire les choses en peu de mots. Voilà le défi que doit relever tout journaliste-radio. Soyez bref! Pourquoi pensez-vous qu'un homme politique comme le général de Gaulle privilégiait d'abord la radio lorsqu'il s'adressait à la nation? Son expérience à la BBC de Londres l'a certes familiarisé avec ce média. C'est parce que la brièveté du message lui fournissait l'impact souhaité.

On conseille souvent aux politiciens d'utiliser un langage clair, des phrases courtes. Voilà ce que de Gaulle savait. Ses phrases possédaient entre 14 et 20 mots. Le nombre idéal de mots dans une phrase est de 14 ou 15. On dit qu'au-delà de cela, on risque d'être moins bien compris. C'est ce qu'avaient les phrases du général à Radio-Londres pendant la guerre et tous reconnaîtront que «cet homme de radio» réussissait passablement bien.

À l'université de Montréal, il existe un cours d'écriture radiophonique où les étudiants en journalisme doivent se soumettre à des exercices de rédaction de phrases d'attaque de 15 mots maximum. Faut le faire! Et c'est formateur... Richard Nixon, dans ses opinions sur les gens et les médias, avait le même point de vue. «Charles de Gaulle devait créer sur les ondes le personnage du général de Gaulle. Beaucoup de chefs politiques se sont servis très habilement des moyens de communication électronique, mais de Gaulle eut le privilège d'être un authentique pionnier dans ce domaine, les ondes hertziennes ayant constitué son seul forum alors qu'il ralliait à sa cause les hommes et les femmes de France. C'est par ses émissions radiodiffusées de Londres pendant les jours les plus sombres de la Seconde Guerre mondiale que de Gaulle entra dans la légende de son pays[2].»

Bien sûr, le style doit être personnel. Toutefois, il doit être aussi assez général pour permettre à d'autres de lire votre texte. Il doit donc être lu à haute voix car c'est là toute la différence d'un texte qui ne sera que lu des yeux.

Les pauses de voix sont importantes lorsqu'on livre un bulletin de nouvelles en ondes. Ce sont ces pauses qui rendent plus vivantes et plus compréhensives les dépêches livrées par le speaker. Mais attention! Ne nous fions pas aux superbes voix à la Cronkite. On peut souvent se demander, puisque cela est très important (surtout aux États-Unis) si les bulletins de nouvelles doivent être basés sur des effets de voix et des intonations percutantes plutôt que sur l'activité?

Donc, dans sa lecture, le speaker devra avoir une présence, un ton neutre sans interprétation, une crédibilité dans sa livraison. Bref, une voix ferme et posée.

Il n'y a pas qu'une seule manière d'écrire une nouvelle, mais par la forme, il y en a une qui s'impose: la pyramide inversée. C'est-à-dire qu'on part des événements les plus importants pour aller vers les plus secondaires. Retenons cette formule simple qui exprime bien la complémentarité des médias: *La radio annonce, la télé montre, la presse explique.*

L'utilisation de la forme pyramidale pour annoncer les nouvelles n'est pas propre aux journalistes; elle se retrouve dans nos conversations quotidiennes. Exemple: — Sais-tu la dernière nouvelle? — *Quoi?* — John Lennon est mort. — *Qui?* — John Lennon, l'ex-Beatle. — *Comment* c'est arrivé? — Un individu l'attendait à la porte de son hôtel. Il a tiré dessus et plusieurs balles l'ont atteint. — *Pourquoi?* — Je ne sais pas. Les policiers n'en savent encore rien. — *Quand* est-ce arrivé? — Cela vient tout juste de se produire. — *Où?* — À son hôtel à New York.

Cet exemple contient l'essentiel des faits composant la nouvelle. Les questions auxquelles doit répondre le journaliste s'y retrouvent: QUOI? QUI? POURQUOI? QUAND? OÙ? On peut en ajouter un sixième: COMMENT?

Le «lead» ou l'amorce de la nouvelle répond donc toujours à une de ces questions ou à plusieurs. Selon la nouvelle considérée, l'une de ces questions sera plus importante. Voyons un autre exemple. Si un avion s'écrase, qu'on en soit témoin et qu'on veuille communiquer l'événement à une autre personne, on commencera par dire qu'un appareil s'est écrasé, puis on ajoutera où ça c'est produit, quand, comment, s'il y a des survivants... Une chose est certaine: on ne commencera pas par dire ce qu'on faisait sur les lieux de l'accident ou de la tragédie, le temps qu'il faisait et pourquoi on se trouvait là. On va sauter à l'essentiel et fournir le portrait de la situation: un avion s'est écrasé à Sainte-Thérèse, il s'agit d'un DC-8 d'Air Canada. Il n'y aurait pas de survivants. L'accident s'est produit à 08 h 30. On ne sait rien sur la cause de la tragédie.

Non seulement la forme pyramidale est une manière naturelle d'annoncer, mais elle a aussi un côté pratique non négligeable pour le journaliste: elle lui permet d'écourter la nouvelle afin de respecter des contraintes d'espace ou de temps sans retrancher les principaux éléments de force.

Pour ces raisons, la phrase d'attaque devrait donner l'essentiel de la nouvelle en quelques mots.

La première tâche d'un journaliste débutant est d'apprendre à faire l'annonce et à condenser la nouvelle, à l'abréger. Il doit apprendre à dire les choses directement avec clarté, précision et économie de mots.

Comme les sources d'agence sont rédigées en fonction de la presse écrite (exception faite du service nouvelles télé-radio de la Presse Canadienne), il est nécessaire d'assimiler l'ensemble des textes et des autres informations sur une dépêche et d'en faire la rédaction en style parlé. Un bon truc consiste à prendre du recul par rapport à la nouvelle après en avoir pris connaissance et de la résumer en ses propres mots.

Et pendant ce temps, dans le fond de la salle des nouvelles, le directeur de l'information surveille ses «dépêches» avec la même attention que la mère veille sur les premiers pas de son enfant. Car dans une salle de rédaction, nous «brassons» toujours du «neuf» et sommes aux prises avec des faits inusités, des rebondissements inattendus. Bref, tel l'enfant, nous faisons deux fois par heure, sept jours par semaine et trois cent soixante-cinq jours par année, nos premiers pas. Le directeur de l'information devient, de ce fait, un personnage important, essentiel, vital. De son élan dépend le rythme de la salle de rédaction. Sa culture politique est essentielle car il surveille la rédaction et la diffusion des bulletins et rappelle l'importance de tels faits et explique leurs rebondissements. Il engage l'équipe de journalistes, assigne les tâches à chacun, décide quel événement couvrir, planifie son budget.

Si ces multiples responsabilités l'obligent à s'absenter souvent de la salle des nouvelles, le directeur comptera sur son adjoint car, laissés à eux-mêmes, les journalistes auront parfois tendance à couper au plus court, donc à répéter les mêmes bulletins, sans se donner toujours la peine de vérifier leur authenticité.

Un directeur d'information ressemble à un chef d'orchestre: ses musiciens peuvent parfaitement jouer sans lui, mais lorsqu'ils se groupent pour former l'orchestre, le maestro les dirige[3]. Les directeurs de salle de nouvelles sont les plus sûrs candidats aux ulcères, maladies cardiaques, asthme, abus d'alcool ou de drogues, difficultés sexuelles, sans oublier l'hypertension. Une étude effectuée pour le compte de l'Association des éditeurs de l'agence Associated Press, en 1984, a révélé que 40% des 544 directeurs de salle de nouvelles interrogés ont fait face ou font présentement face à de tels problèmes. Et ceci contre seulement 30% en 1979.

Les directeurs sont frustrés parce que la crise économique leur impose des contraintes budgétaires: pas assez d'argent pour «aller chercher la nouvelle», donc concurrence accrue. Les questions monétaires l'emportent souvent sur la qualité de l'information. Une autre source de frustration a trait à la vie personnelle. Leur «horaire de fou» rend difficilement conciliables famille et vie professionnelle. La venue des ordinateurs et des écrans cathodiques est, curieusement, une autre cause de stress. Car, pour que ces appareils leur facilitent la tâche, il faut être capable de les contrôler. Les connaissances techniques indispensables sont un motif supplémentaire de fatigue au sein d'une journée qui ne compte que 24 heures.

En règle générale, chaque journaliste produit entre 25 et 30 dépêches par jour de service. Dépendant de la station où il œuvre, il ne «montera» pas son bulletin de la même manière. S'il est à CBF, tête de pont d'un réseau national ou à Radiomutuel, tête de pont d'un réseau québécois ou encore à CKVL, station essentiellement montréalaise, l'ordre de ses dépêches ne sera pas le même, CKVL privilégiant la nouvelle montréalaise, Radiomutuel, la québécoise et CBF l'internationale ou la nationale. Chaque journaliste a pour fonction d'au moins «sonoriser» une de ses dépêches, c'est-à-dire d'aller chercher une voix, question de la rendre plus exclusive. Le téléphone, son calepin d'adresses et de noms de gens faisant l'actualité, ses radios police et les reporters sur la route sont pour lui toutes sortes de façons d'aller chercher la nouvelle. À cela ajoutons les téléscripteurs qui crépitent. Telbec qui convoque la presse à l'une ou l'autre des conférences d'un tel ou d'une telle, les téléscripteurs de Broadcast News qui renvoient aux postes de radio des nouvelles abrégées et parfois sonorisées. L'AFP, l'Agence France Presse, l'une des plus crédibles au monde, la UPI des États-Unis, l'Associated Press, la Reuter de Grande-Bretagne qui atteignent plus de 200 millions de personnes. Alors, avec de tels effectifs, chaque poste diffuse de l'à-peu-près-pareil-au-même. On s'abreuve aux mêmes fontaines quoi!

Toutes ces salles d'information sont alimentées presque de la même manière. Il faut donc faire preuve d'imagination si on veut donner à sa salle de dépêches des nouvelles plus originales, plus exclusives. C'est là que le journalisme d'enquête entre en ligne de compte, c'est là aussi que le chef des nouvelles exigera de ses reporters d'aller plus loin. «Ahead of the News», comme dit si bien une certaine station de Montréal, CJAD! À cet égard, CJMS est une des plus agressives dans ce domaine.

Quel est l'homme le plus puissant du monde? a déjà demandé J.J. Servan-Schreiber? Eh bien, ce n'est pas le président des États-Unis, mais le chef de pupitre des grandes agences de presse. En réalité, nous publions et diffusons ce que ces chefs de pupitre décident. «Toutes les stations de radio, écrit Schreiber, dépendent entièrement de leur intégrité à choisir les nouvelles qu'ils envoient sur les téléscripteurs[4].» Quant à Richard Nixon, il croit aussi que les gens les plus puissants sont les hommes des médias: «J'ai rencontré certains dirigeants des médias — par exemple Henry R. Luce du *Life*

Magazine — qui avaient un impact plus grand sur les affaires de la planète que les chefs de beaucoup de nations[5].»

Les agences de nouvelles

Qui sont ces agences de presse qui alimentent les stations? Quotidiennement, nous sommes informés des principaux événements qui marquent la vie des Terriens. Cette information est presque instantanée puisqu'elle voyage à la vitesse de la lumière, soit 186 000 milles à la seconde. De tout temps, l'homme a ressenti le besoin de savoir ce qui se passait dans sa communauté. D'ailleurs sans communication, il ne saurait y avoir de communauté.

À partir du moment où les hommes voulurent étendre leur communauté sur un plus vaste territoire, il leur fallut développer des moyens de communication. Que ce soit le tam-tam, le simple messager à pied ou à cheval, le pigeon, l'imprimerie, le télégraphe sans fil, le satellite, ces moyens permettent de communiquer. Ils se distinguent uniquement par leur portée efficace et leur rapidité, mais leur but est le même. De nos jours, par la puissance des communications, la planète a été réduite à la dimension d'un village dont la population s'approche des quatre milliards. Que veut dire le nom NEWS en passant? Il s'agit d'un rassemblement aux quatre points cardinaux: *North, East, West, South!*

Si un journal, une station de radio ou de télévision voulait informer ses clients de tout ce qui se passe d'important sur la planète par ses propres moyens, il n'arriverait jamais à boucler son budget. Cependant, si plusieurs médias se regroupent pour partager les coûts financiers impliqués dans la couverture des affaires internationales, il leur est possible d'offrir ce service.

Ainsi, des associations de journaux en coopérative ont permis la création d'agences internationales, mais aussi la création d'agences nationales dont le but est d'assurer la transmission dans tout le pays des principales informations nationales.

Les agences sont à ce point importantes qu'on peut à juste titre les considérer comme les principaux intermédiaires entre les sources premières des informations quotidiennes et les moyens de communication sociale.

Il y a cinq grandes agences mondiales: AFP, UPI, AP, REUTER et TASS.

Les cinq agences mondiales distribuent 95% de l'information internationale. À elles seules, elles inondent le monde de 35 millions de mots par jour... Et toute cette littérature provient des pays du Nord. Une petite agence d'information, comme celle de l'Afrique, produit un million de mots quotidiennement. Comment contrebalancer, alors, lorsqu'on veut se défaire de certains schèmes de références?

En général, disons qu'à côté des agences internationales on retrouve pratiquement dans chaque pays une agence nationale qui assure à la fois la couverture des événements nationaux pour le compte de sa clientèle nationale et des agences internationales. À titre d'exemples, on peut citer: l'agence Belga, en Belgique; l'agence Ritzau, au Danemark; l'agence Chine-Nouvelle en Chine et la Presse Canadienne, au Canada.

La fonction de la Canadian Press (PC) est de couvrir les nouvelles canadiennes et internationales pour la centaine de journaux, de stations de radio et de télévision qui lui sont affiliés.

L'avenir des agences de presse

Les agences de presse seront appelées à jouer un rôle de plus en plus important puisque l'information se diversifie et que l'événement touche un nombre sans cesse croissant de gens. Les géants qui les contrôlent verront leur force s'accroître au cours des années. La concurrence sera fort sage car les coûts élevés d'implantation et d'opération d'une nouvelle agence sont trop élevés pour que plusieurs s'y essaient.

Terminons sur une note futuriste. Après le téléscripteur, l'ordinateur et le satellite, la robotique fera peut-être une percée dans le domaine. Que diriez-vous d'une agence où le chef de pupitre n'est nul autre qu'un robot programmé pour choisir les nouvelles selon un programme déterminé par les médias-clients[6]?»

1. *Why People Listen to Radio,* observations de Sylvie Hugues devant la convention du réseau CBS à Phœnix, Arizona, en septembre 1982.

2. *Richard Nixon: Leader,* Édition Libre Expression.

3. *Ibid.*

4. *Ibid.*

5. Documentations de la Presse Canadienne.

6. NADON, Robert, *Les Agences de presse,* Travail de recherche présenté à l'Université de Montréal, département de Communication, printemps 1984, page 1.

La carrière d'annonceur et de reporter-radio

Devenir speaker! Une carrière de fou?

Au début, à l'époque où la radio était plus sélective, il fallait que vous ayez 80% de talent et 20% d'amis dans le circuit. Par 80% de talent, j'entends souplesse en ondes, voix agréable et basse autant que possible. Il fallait que vous possédiez aussi une personnalité assez forte. Mais ce qui comptait le plus, ou du moins ce qui aurait dû compter davantage, c'était le naturel au micro. Pour devenir un bon «annonceur», il fallait être aussi «commercial» parce que la radio c'est un peu comme l'épicerie du coin, c'est-à-dire qu'il faut vendre beaucoup de boîtes de conserve. Même en «grand spécial»... Donc, pour démarrer, beaucoup de talent et peu d'amis.

Aujourd'hui, autre temps, autres mœurs. On remarque que n'importe qui ou presque devient «annonceur». Oui, n'importe qui peut grimper à l'antenne. En autant qu'on a une réputation un peu fofolle, qu'on a fait «du bruit», qu'on a été ministre ou même lutteur, on devient animateur matutinal dans une station pour attirer la population. Oyez! Oyez! Écoutez-moi, j'ai à vous dire... Le speaker d'hier est donc en voie d'extinction. Jadis, dans un studio, il jouait au perroquet et alertait la population. Levé avant le coq, il criait encore plus fort que lui. Il était le compagnon de vos tête-à-tête. Plus tard, dans la journée, il se faisait le confident de madame au foyer et réglait ses problèmes pendant que monsieur était à l'usine. En soirée, c'était le maître d'hôtel qui vous accueillait. Il vous livrait la liste de ses plats, tout en maintenant ce ton copain-copain. C'était le bavard qui, entre deux disques, réussissait à vous retenir. Aujourd'hui, il se limite à donner l'heure, la météo et la position du dernier disque au palmarès. Mais revenons à la réalité!

Avant même de débuter en province, tout candidat sérieux se doit de suivre quelques cours de diction et de phonétique d'un excellent professeur. En plus, à titre personnel, l'intéressé devra, autant que possible, approfondir ses connaissances générales et lire fréquemment à voix haute afin d'assouplir ses lectures pour être prêt quand il arrivera en ondes. Un entraînement semblable devrait durer au moins un an. Un «annonceur est complet après sept ans de métier», disent certains «pros» de la radio québécoise. L'aspirant devrait aussi détenir un diplôme d'études supérieures ou universitaire. Sinon, au moins posséder une élocution suffisamment brillante et une solide culture générale. Je me demande encore si le Conservatoire, qui forme de bons comédiens, n'aurait pas intérêt à créer une section réservée aux membres qui se destinent à la radio ou à la télé!

Les écoles d'«annonceurs»

Parlons un peu des écoles d'«annonceurs» qui constituent, dans bien des cas, la plus épouvantable escroquerie dans le domaine de l'éducation.

Comment le Québec a-t-il pu donner des chartes à de telles institutions? Comment peuvent-elles encore exister? Oh! il y a quelques exceptions! L'*Institut Son 2000,* par exemple, dirigé par des gens de calibre qui ont fait leurs preuves. Mais on peut, hélas, les compter sur les cinq doigts de la main... Il y a aussi l'école de Pierre Duffault, de Radio-Canada, chez qui ont peut apprendre le métier de speaker. Tout comme à l'*Institution Son 2000*, le *Collège de radio et télévision* de Duffault met les étudiants dans des situations qui s'apparentent au réel. François Perreault et Pierre Duffault exigent de leurs candidats un certain talent et surtout du travail. Mais bon nombre de ces écoles semblent trop se limiter à circonscrire le métier de «radioman» à celui de disc-jockey. L'école de Perreault avec Jocelyne Bellefleur va plus loin. Elle recycle les hommes d'affaires en mal d'une communication améliorée. Or, l'univers de la radio, si univers il y a, est plus vaste que la carrière, souvent éphémère, d'un disc-jockey. Et puis, on ne devient pas du jour au lendemain un Michel Duguay à CKOI qui, par ses jugements, détient quasiment un pouvoir de vie ou de mort sur un chanteur... Duguay est un des meilleurs disc-jockey au Québec avec Guy Aubry à CKMF.

Toujours est-il qu'il y a des exploiteurs qui ont trouvé le filon. En général, tout candidat est accepté pourvu qu'il ait de l'argent et verse dès le début un bon gros paiement. et, croyez-moi, ces cours sont coûteux. Souvent, aucun critère d'évaluation, aucun antécédent académique n'est requis, aucun examen de culture générale. Même les bègues et les handicapés chroniques sont invités avec la promesse de les guérir. Non seulement recouvreront-ils l'usage de leur phonation, mais leur organe vocal deviendra un outil de travail

Deux animateurs qui ne sont pas passés par les écoles
d'annonceurs: Jacques Matti et Hélène Fontayne.
(Photo CKVL)

au sein d'une merveilleuse carrière publique. Quel attrait, n'est-ce pas? Pas étonnant que certains adhérants renouvellent leur contrat à deux ou trois reprises. On donne à certains de ces naïfs l'illusion qu'ils ont toutes les qualités d'un bon «annonceur», doublées d'une belle voix radiophonique ou microgénique! On leur cite en exemple les meilleurs speakers qui, disent-ils, n'étaient pas plus avantagés au départ. On omet trop souvent de leur mentionner cependant que les «annonceurs» en question ne sont pas issus dc l'une de ces écoles... Inutile d'avoir beaucoup d'imagination ou de rapidité d'esprit, cela se développe avec l'expérience. Vous avez déjà terminé votre cours et passé des auditions dans tout le Québec sans résultat? Patience! Vos démarches n'ont tout simplement pas coïncidé avec votre demande: votre tour viendra. Entre-temps, vous auriez avantage à tenter votre chance ailleurs.

D'ailleurs, vous savez que l'école s'occupe de vous introduire dans le «merveilleux» monde de la radio. Eh oui! Dès qu'une station nous demandera un bon candidat, nous vous ferons signe. On donne même quelques noms de speakers déjà dans le métier et dont le hasard a voulu qu'ils passent par l'école. L'argument est bon et la publicité aussi. On ne dit surtout pas que ces «annonceurs» n'ont pas terminé le cours, loin de là, on s'est empressé de les placer sur le marché du travail dès le début du cours avant qu'ils ne découvrent le «racket».

Chaque année, les poissons mordent à l'hameçon. Et plus il a de chômage, plus on retrouve de placards publicitaires de ces écoles d'«annonceurs» dans nos journaux. Ces écoles peuvent être valables dans la mesure où on n'illusionne pas le candidat au départ et à la condition que celui-ci se contente de suivre un cours qui lui donnera certaines connaissances du milieu radiophonique. Mais de là à s'imaginer remplacer Jean-Pierre Coallier, Suzanne Lévesque ou Pierre Nadeau demain, il y a une marge! Le problème, c'est que les candidats sont très nombreux alors que le marché de la radio n'en nécessite que quelques-uns, sans calculer que la vieille garde n'est pas encore sortie des rangs. Même dans certaines petites villes de province, où il n'y a qu'une station de radio, on trouve de ces «institutions». On promet du travail à la station locale qui n'emploie que deux ou trois speakers puisque la plupart sont en place depuis des années. Naturellement, c'est presque toujours le directeur des émissions ou «l'annonceur» en chef de l'endroit qui est le «Docteur ès radio» du patelin, et qui loue le local et l'équipement de son patron. Certains font encore mieux. Ils enregistrent en direct plusieurs heures en alternance, économisent ainsi un ou deux salaires. Il fallait y penser! Comme vous le voyez, en radio, il faut des idées pour réussir.

Un ancien élève me raconte une anecdote très savoureuse. Il assiste à la première soirée du cours. Le professeur «ès radio» dit: «En phonétique moderne, le «h» n'est plus aspiré et l'on effectue donc des liaisons. Il n'y a qu'une exception qui s'applique et c'est au mot HÉROS: on ne peut dire des «zéros». Et l'étudiant d'intervenir: «Tout dépend des z-hasards de la langue.»

L'aspect le plus déplorable de ces cours est le fait que plusieurs jeunes ont quitté des métiers dans lesquels ils avaient probablement toutes les chances de réussir pour se retrouver avec moins que rien au bout d'un chemin d'illusions à travers la jungle de la radio. De tels résultats sont la plus terrible des responsabilités de ces écoles de fumistes. Les aspirants au métier «d'annonceur» sont prévenus. Pour tenter sa chance à la radio, si on possède l'instruction et la culture générale nécessaires, il suffit de rencontrer quelqu'un du milieu qui vous indiquera comment passer une audition ou choisir un excellent professeur de diction et de phonétique. Le postulant évitera ainsi de perdre quelques centaines de dollars, ses soirées pendant plusieurs semaines et ses illusions. Je répète, pour démarrer, il

Bernard Geoffrion, sans diction ni préparation, mais
muni d'un talent convaincant. Ici avec Richard
Morency et Jean-Paul Chartrand (au centre).
(Photo CKVL)

faut au départ 80% de talent et 20% d'amis. Une fois dans la course,
20% de talent suffisent, mais il vous faudra alors 80% d'amis.

Voilà un procès bien sommaire. Il y a encore et il y a eu des
exceptions, mais en règle générale, c'est cette situation qui prévaut.

Il serait peut-être important de rappeler ici que la profession
«d'annonceur» a grandement perdu l'attrait qu'elle avait à l'époque
des Miville Couture. C'est que l'information, d'une part, bouscule
de plus en plus de choses et les vagues musicales, d'autre part, rendent les disc-jockeys («annonceurs») des gens bien simplistes à qui il
ne faut pas trop demander. On ne trouve pas des Joël LeBigot,
Michel Beaudry, Jean-Pierre Coallier, Paul Houde, Jacques
Proulx, Serge Bélair et cie à tous les coins de rue...

Et dire qu'à chaque année des dizaines de garçons et filles
rêvent de devenir un Garneau, Nadeau, Bombardier ou un quelconque super-disc-jockey dans une station FM de la métropole. D'autres voient encore plus grand! Ils s'imaginent, après avoir complété
leur cours à la fameuse école du quartier, traverser aux États-Unis et
devenir la super-star du poste de New York ou de Los Angeles. Ceux
qui réussiront dans la carrière feront partie d'un très petit nombre.
Là comme ailleurs, la bonne volonté ne suffit pas.

On retrouve dans tous les milieux des gens qui, lorsqu'ils étaient étudiants, un jour ou l'autre, dans un coin donné du Québec, ont travaillé dans un poste de radio comme surnuméraire ou employé pour la période des vacances. Plusieurs speakers ou commentateurs d'aujourd'hui ont même ainsi attrapé le virus ou la piqûre... radiophonique qui leur a finalement fait changer de cap et compromis combien de projets d'avenir. Certains ont abandonné leurs études pour satisfaire à une offre d'emploi qui semblait pour eux «l'aubaine ou l'occasion» à ne pas laisser passer, s'imaginaient-ils. D'autres sont allés se chercher un diplôme de ceci ou de cela, tout en conservant certaines attaches avec la radio. C'était peut-être la meilleure chose à faire.

La préparation au journalisme parlé

La mode est aussi au journalisme par les temps qui courent. Pourtant, le chômage y est bien plus évident dans ce secteur qu'ailleurs. Mais enfin, puisqu'il s'agit d'un métier qui fait appel à la curiosité, à l'initiative et à la créativité, plusieurs doivent se dire qu'après tout il y aura toujours de nouveaux magazines, postes de radio ou de télé. Donc, avant même s'obtenir ses gallons, on rêve de se voir aux confins du monde. Grandes oreilles, bonne plume, beau verbe souvent haut et fort, il se voit le messager que nous attendons à la porte de la ville, à l'heure de la cloche. Avec son magnétophone, il nous arrivera de quelque part où une nation est en colère et rêvera de répéter un jour pour la postérité: «Vous savez, j'ai vu ça..., je le sais, j'y étais!»

Actuellement, plusieurs de nos universités offrent des cours qui préparent... ou devrais-je dire qui sensibilisent les jeunes intéressés à cette fantastique carrière. L'Université de Montréal livre par le biais de sa faculté d'éducation permanente un certificat qui vous permet tout de même de ramasser assez de connaissances préparatoires à ce métier. En matière de radio et de télévision, on retrouve d'ailleurs des professionnels du milieu. Journalistes, reporters, réalisateurs, cinéastes animent des cours de toutes sortes à partir d'un vécu, bien sûr, mais aussi d'éléments théoriques et pratiques.

En radio, par exemple, le cours qui initie le jeune à la radiodiffusion, ne fera pas de lui un «radioman». Il vise essentiellement à inviter l'étudiant à subir une immersion dans ce qu'il convient d'appeler «l'industrie de la radio». Après une initiation à la quincaillerie, il acquerra une meilleure connaissance historique de ce média tout en découvrant les rouages et le fonctionnement interne de cette industrie. Aussi, l'étudiant développera certaines notions reliées aux aspects juridique, administratif et journalistique d'une station radiophonique. Enfin, à l'issue de ce cours, l'intéressé devrait normalement avoir développé un esprit plus critique à l'égard de nos diverses chaînes de radio qui occupent quotidiennement les ondes. Des travaux d'analyse comparative d'une station à l'autre lui permettent de se faire une petite idée de notre système. Mais tout cela, bien qu'assez colossal, ne fera pas du candidat un aspirant fin prêt pour une salle de rédaction ou pour le reportage sur le vif.

À l'Université d'Ottawa on retrouve un baccalauréat en communications sociales et à l'université Laval de Québec, un baccalauréat en journalisme qui abonde à peu près dans le même sens, sauf qu'il est beaucoup plus étoffé puisqu'il s'agit d'un cours de trois ans. À Concordia, le diplôme en communication permet à l'intéressé de toucher à l'ensemble de la quincaillerie qui compose l'industrie de la communication, c'est-à-dire la photo, la réalisation radiophonique et télévisée, l'animation, le montage, la rédaction... Il en est de même à l'université du Québec à Montréal où il se donne des cours menant au baccalauréat en communication. Et depuis ces dernières années, on note la présence d'une maîtrise. Cependant, l'UQAM a beaucoup plus tendance à privilégier les médias marginaux que les grands médias où, dans son esprit, il y a saturation. Cela est juste! Nombre de médias nouveaux sont apparus ces dernières années. Même s'ils n'offrent pas de carrières «à la Pierre Nadeau», ils constituent tout de même un débouché intéressant pour plusieurs jeunes qui veulent en faire l'expérience après avoir acquis une connaissance de base dans l'une ou l'autre de nos institutions. Les radios communautaires, les magazines sociaux, l'animation sociale, les bureaux de communication de nos CLSC ou des hôpitaux sont devenus des débouchés pour tous ceux-là qui peuvent se contenter de devenir des communicateurs plutôt que des vedettes du journal *La Presse,* de CFTM, de Radio-Québec, de CKAC, de CKVL ou de CJMS.

Au niveau des collèges, il faut rappeler que le Cégep de Jonquière offre un DEC qui fait faire à l'aspirant un tour d'horizon de l'industrie de la communication. À Ottawa, le collège Algonquin agit dans le même sens.

Ce qu'on peut reprocher à toutes ces institutions, ce n'est pas la qualité des professeurs ou le choix des cours, car ils permettent vraiment d'acquérir une connaissance assez profonde du ou des milieux privilégiés par l'étudiant. Cependant, les enseignants sont unanimes à dire qu'au niveau de l'expression (orale ou écrite), ces programmes n'insistent pas assez sur l'importance d'apprendre à véhiculer une pensée française. Et pourtant, la connaissance de la langue française devrait être le prérequis nécessaire avant même de s'aventurer dans ces galères. Également, plusieurs professionnels du milieu reprochent à ces écoles ou départements de ne pas assez insister auprès des intéressés sur une essentielle formation de base. Les sciences sociale et politique, l'histoire ou le droit m'apparaissent comme un sauf-conduit à toute personne qui veut se diriger vers le journalisme qu'il soit parlé ou écrit. Se plonger dans l'histoire, la philosophie, la grande littérature pour essayer d'aiguiser l'esprit et d'élargir les horizons. J'ajouterais même que la discipline la plus extraordinaire pour réussir dans ce milieu serait encore le droit, même si les facultés de nos universités nous répètent que cette science est actuellement congestionnée. Le droit n'offre peut-être plus de jobs aux futurs avocats, mais il constitue ce qu'il y a de mieux en termes de formation intellectuelle. Après quoi, un étudiant devrait être plus apte à travailler le contenant des médias, c'est-à-dire la voix, l'habileté d'animation, l'assurance en ondes...

«On ne devient pas journaliste, on naît journaliste», affirmait autrefois les vieux secrétaires de rédaction lorsqu'on leur parlait d'école de journalisme. Il apparaît bien que cet argument ne tienne plus de nos jours. Naît-on ou devient-on journaliste? Les deux théories s'opposent encore. La première, qui est celle des patrons, veut que l'apprentissage se fasse à l'intérieur d'un journal. À cela, il faut répondre qu'il y a le facteur temps. La deuxième exige une formation générale et plus approfondie grâce aux travaux pratiques et aux connaissances culturelles. Cette dernière théorie est désormais endossée par les syndicats et les jeunes journalistes. À la veille du XXIe siècle, le journaliste ou reporter radiophonique se doit d'être mieux préparé afin de s'engager sur le marché du travail muni des instruments nécessaires. Pour obtenir ce bagage indispensable, l'aspirant journaliste devrait obligatoirement passer par les classes d'une École supérieure. Mais, encore une fois, retenons que ce n'est pas là qu'un étudiant apprendra à devenir un champion! N'oublions pas non plus que pour analyser une nouvelle, déceler ses origines et prédire ses conséquences, les journalistes doivent posséder une culture universelle, «une expérience de la politique et de ses mille facettes», pour reprendre les mots de Madame Solange Chaput-Rolland qui fut politicienne, commentatrice et surtout journaliste. Selon elle, beaucoup trop de journalistes font preuve d'une insuffisance et sont trop jeunes pour comprendre la genèse de certaines crises ou trop superficiels pour s'y intéresser.

«Peut-être serait-il utile de commencer aujourd'hui à former intellectuellement les jeunes journalistes et à les familiariser avec le panorama global des activités internationales, nationales et régionales [1].»

Voilà autant de raisons pour insister sur le fait qu'il vaut beaucoup mieux s'instruire avant de s'aventurer dans un bateau qui risque de prendre l'eau. Le «hardware» ou le contenant, c'est beau pour établir la communication, mais le contenu ou le «software», c'est-à-dire la substance des émissions, c'est encore mieux, autant pour l'auditoire qui écoute que pour le journaliste qui renseigne.

Hélas, malgré toutes ces recommandations, il se trouve encore des gens qui, sans formation aucune, réussissent à passer la rampe et se faire une place au soleil. Soit qu'ils aient un très grand talent et une audace incroyable, soit qu'on les ait embauchés non pas pour ce qu'il sont mais pour ce qu'ils ont fait. C'est alors que les 80% d'amis suffisent! Avez-vous le goût de faire de la radio?

---

1. CHAPUT-ROLLAND, Solange, *Les maudits journalistes,* Éditions Marquis, 1974.